なぜ？ どうして？

身《み》近《ちか》なぎもん 3年生

総合監修 三田大樹

Gakken

もくじ

生活《せいかつ》の、なぜ？　どうして？②

からだの、なぜ？　どうして？

まち・社会《しゃかい》の、なぜ？どうして？

スポーツの、なぜ？どうして？

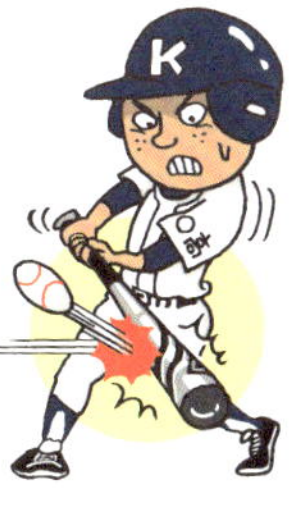

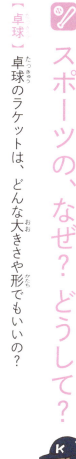

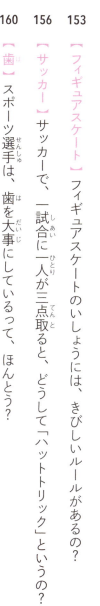

生《い》き物《もの》の、なぜ？ どうして？

なぜ？どうして？

とっておきのぎもん 1

海《うみ》の色《いろ》は、なぜ青《あお》いの？

文・鎌田達也（グループ・コロンブス） 絵・森のくじら

わたしたちの目《め》に見《み》えている太陽《たいよう》の光《ひかり》は、無色《むしょく》で、とう明《めい》です。しかし、太陽《たいよう》の光《ひかり》は、とう明《めい》に見《み》えているだけで、実《じつ》は、赤《あか》・青《あお》・緑《みどり》の三色《しょく》がまざってできています。

絵《え》の具《ぐ》などは、すべての色《いろ》をまぜると黒《くろ》くなりますが、この光《ひかり》の三つの色《いろ》は、すべてがそろうと、白《しろ》になるせいしつがあります。そして、この三つの色《いろ》は、何《なに》かに当《あ》たると、その何《なに》かにすいこまれる色《いろ》と、はねかえされる色《いろ》とに分《わ》かれます。

たとえば、あるフルーツの実《み》に太陽《たいよう》の光《ひかり》が当《あ》たったとしましょう。

このとき、太陽《たいよう》の光《ひかり》にふくまれる色《いろ》のうち、おもに赤《あか》がはねかえり、ほかの色《いろ》は実《み》の表面《ひょうめん》にすいこまれて見《み》えなくなります。こうして、このフルーツの実《み》が赤《あか》く見《み》えるのです。そう、この実《み》とは、赤《あか》いリンゴのことです。

海《うみ》の色《いろ》が青《あお》く見《み》えるのも、これと同《おな》じようなことによって起《お》こります。

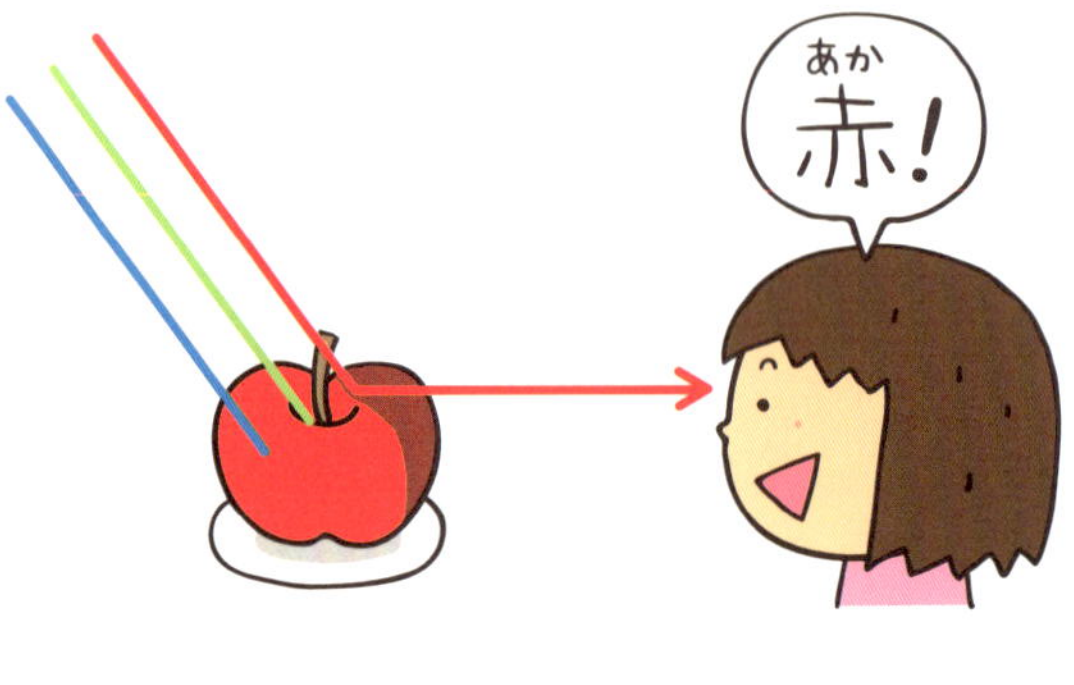

海《うみ》の水《みず》を手《て》ですくってみても、水《みず》は青《あお》く見《み》えません。これは、もともと水自体《みずじたい》が青《あお》いわけではないことをしめしています。では、なぜ、ていぼうや船《ふね》の上《うえ》から見《み》ると、海《うみ》は青《あお》く見《み》えるのでしょう。

太陽《たいよう》の光《ひかり》が海《うみ》に当《あ》たると、海《うみ》の中《なか》の細《こま》かい水《みず》のつぶやプランクトンなどの小《ちい》さな生《い》き物《もの》、とても小《ちい》さなごみなどが、青《あお》や緑《みどり》の光《ひかり》をはねかえします。そして赤《あか》は、水《みず》の小《ちい》さなつぶにすいこまれていきます。このため、海《うみ》の水《みず》が青《あお》っぽく見《み》えるので

す。また、空《そら》の青《あお》が水面《すいめん》に反射《はんしゃ》するのも、海《うみ》が青《あお》く見《み》える理由《りゆう》の一つです。

雨上《あめあ》がりの空《そら》に出《で》るにじは、とてもきれいですね。空気中《くうきちゅう》にたくさんの水《すい》じょう気《き》（水《みず》が気体《きたい》になったもの）がふくまれるとき、太陽《たいよう》の光《ひかり》は、細《こま》かく分《ぶん》かいされ、七色《いろ》になって空《そら》にうかんで見《み》えます。

これも、光《ひかり》にふくまれる色《いろ》がはねかえることで起《お》こるマジックです。

なぜ？どうして？

とっておきのぎもん 2

ジェットコースターは、なぜ、さかさまになっても落《お》ちないの？

文・嵯峨苗穂子　絵・森のくじら

遊園地《ゆうえんち》で大人気《だいにんき》のジェットコースターは、ものすごいスピードで、高《たか》いところからすべり下《お》りるスリルを味《あじ》わう乗《の》り物《もの》です。

なかには、ぐるっとちゅうがえりをするコースもあります。コースの真上《まうえ》に来《き》たときには、乗《の》っている人《ひと》の頭《あたま》が下《した》になる、まっさかさまのじょうたいになります。

でも、コースターや人《ひと》が、下《した》に落《お》ちることは、ありません。なぜだと思《おも》いますか。

これは、何《なに》かが回転《かいてん》しているときには、外《そと》へ外《そと》へと向《む》かう力《ちから》がはたらくからです。

たとえば、空《から》のバケツを手《て》に持《も》ってぐるぐると速《はや》いスピードで回《まわ》したとします。すると、バケツには、外《そと》へ外《そと》へととんでいこうする力《ちから》がはたらきます。

では、バケツの中《なか》に水《みず》を入《い》れた場合《ばあい》はどうでしょう。中《なか》に入《はい》った水《みず》も、同《おな》じく外《そと》へ外《そと》へと向《む》かう力《ちから》がはたらくため、バケツがさかさまになる真上《まうえ》に来《き》たときも、力《ちから》は真下《ました》ではなく、バケツのそこの方向《ほうこう》へとはたらきます。そのため、バケツの中《なか》の水《みず》は、こぼれることはないのです。

でも、回《まわ》すスピードがおそいと、この力《ちから》ははたらきません。だから、バケツの水《みず》も、ゆっくり回《まわ》したら、中《なか》の水《みず》はこぼれ落《お》ちてしまいます。

バケツの中《なか》に、やわらかいゴムボールやぬいぐるみなど、落《お》ちて当《あ》たってもいたくない物《もの》を入《い》れて、ぶつからないよう注意《ちゅうい》しながら、実験《じっけん》してみるといいでしょう。回《まわ》すスピードがおそくなると、中《なか》の物《もの》は落《お》ちてしまうはずです。

ジェットコースターも、これと同《おな》じように、速《はや》く回《まわ》っていると外《そと》

へ向《む》かう力《ちから》がはたらくため、コースターや人《ひと》が下《した》に落《お》ちることはないのです。

では、ジェットコースターが、もしゆっくり動《うご》いたら、レールから落《お》ちてしまうのでしょうか。

心配《しんぱい》ありません。たとえ、回《まわ》るスピードがゆっくりになったとしても、車輪《しゃりん》とレールをつなぐそうちがはたらいて、落《お》ちることはないそうです。

生活《せいかつ》の、なぜ？ どうして？①

文・鎌田達也（グループ・コロンブス）（16～19ページ）
メルプランニング（20～43ページ）
絵・タカタカヲリ

接着剤《せっちゃくざい》は、なぜくっついてはなれないの？

わたしたちの身近《みぢか》にあるものは、ほとんどが何《なに》かと何《なに》かがくっついてできています。本《ほん》やくつなどの小《ちい》さなものから、自動車《じどうしゃ》や家《いえ》などの大《おお》きなものまで、かならずといってよいほど、どこかに接着剤《せっちゃくざい》が使《つか》われているのです。

では、なぜ接着剤《せっちゃくざい》を使《つか》うと、ものがくっつくのでしょう。

接着剤《せっちゃくざい》には、いくつかのしゅるいがありますす。なかでも、くっつく仕組《しく》みがわかりやすいのは、工作《こうさく》などに使《つか》うのりや木工用接着剤《もっこうようせっちゃくざい》などです。

どんなになめらかに見《み》えても、ものの表面《ひょうめん》には細《こま》かいでこぼこがあります。のりは、この小《ち》さなでこぼこに入《はい》り、水分《すいぶん》がぬけてかたまることでくっつきます。

のりもようきに入《はい》っているときは、水《すい》分《ぶん》がぬけないので、かたまることはありません。でも、うっかりふたをしわすれ

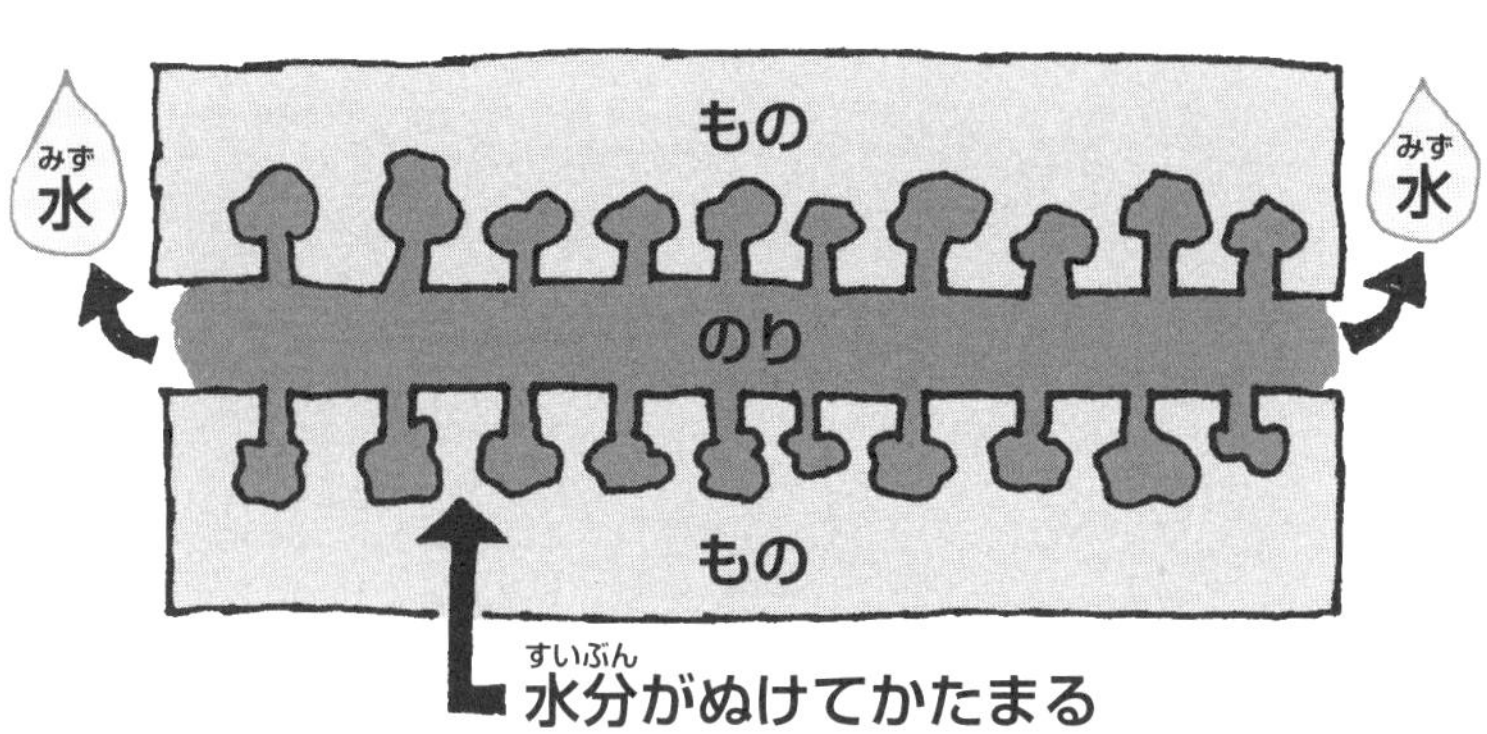

ると、かたまってしまうのは、水分《すいぶん》がぬけるからなのです。

瞬間接着剤《しゅんかんせっちゃくざい》は、すぐくっつけたいときにべんりですね。

表面《ひょうめん》のでこぼこに入《はい》るのは工作用《こうさくよう》ののりなどと同《おな》じですが、水分《すいぶん》がぬけることによってかためてくっつけるのではありません。瞬間接着剤《しゅんかんせっちゃくざい》には、空気《くうき》中《ちゅう》やものの表面《ひょうめん》にある水分《すいぶん》にふれると、あっという間《ま》にかたまるせいしつがあり、これを使《つか》ってくっつけているのです。

瞬間接着剤《しゅんかんせっちゃくざい》もようきの中《なか》ではかたまりませんね。これは、できる

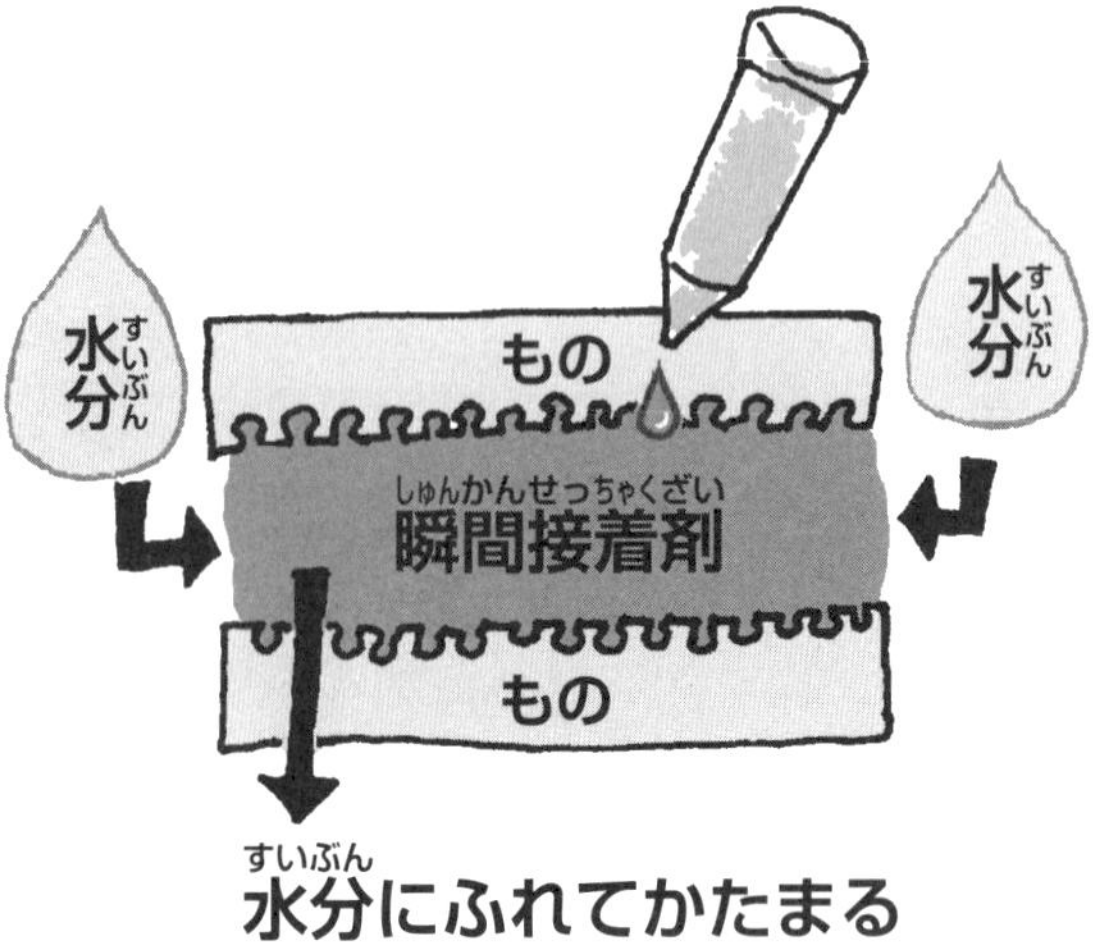

だけようきの中《なか》に水分《すいぶん》が入《はい》らないように、工夫《くふう》されているからです。

また、ものは、「分子《ぶんし》」という目《め》に見《み》えない小《ちい》さなものが集《あつ》まってできていますが、ものの表面《ひょうめん》にあるこの分子《ぶんし》どうしを接着剤《せっちゃくざい》がつないでくっつける方法《ほうほう》もあります。表面《ひょうめん》がつるつるしたもの、たとえば金属《きんぞく》などの場合《ばあい》には、このせいしつを使《つか》った接着方法《せっちゃくほうほう》が活《かつ》やくします。

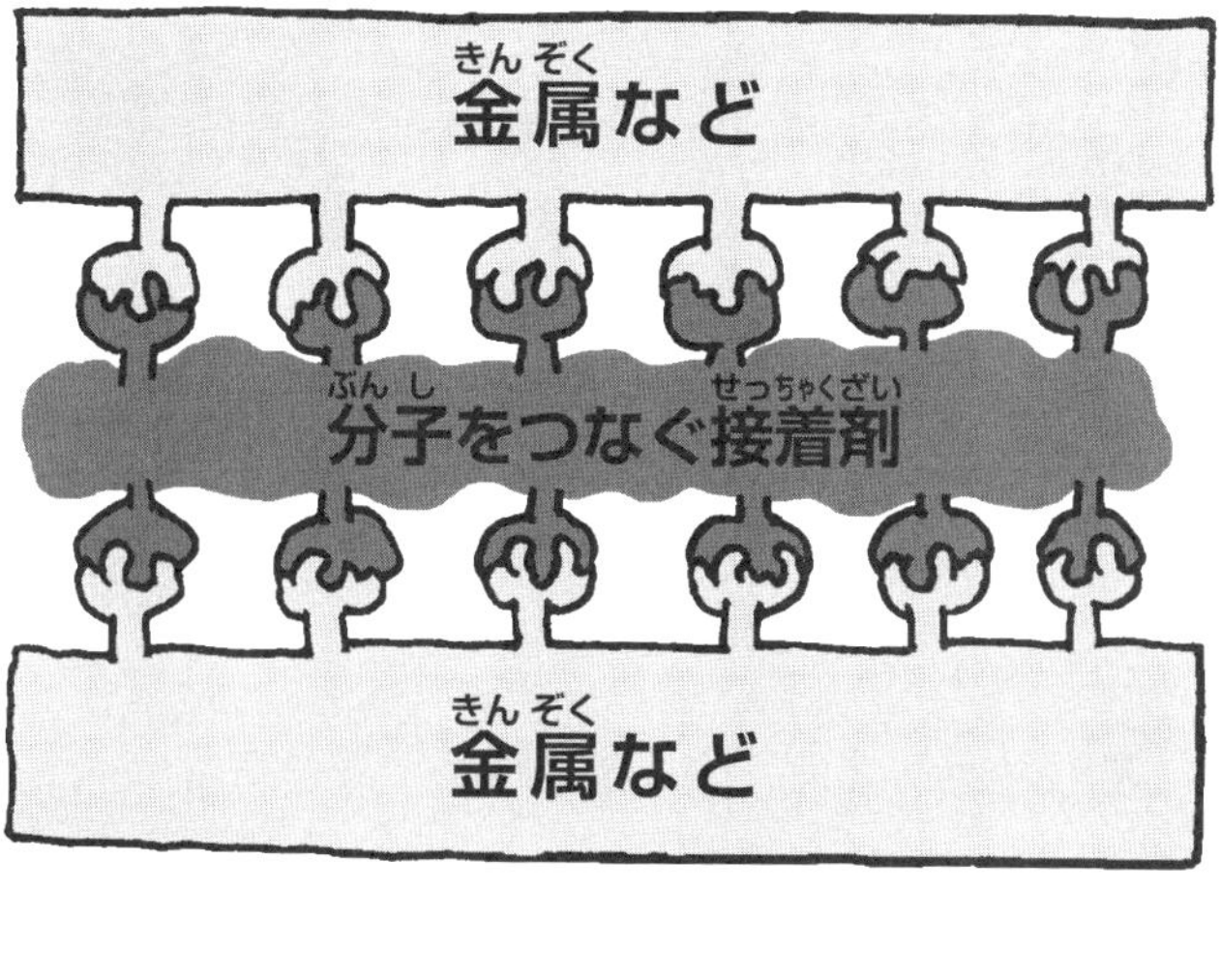

たいやきは、どうして「タイ」の形《かたち》なの？

東京都港区《とうきょうとみなとく》の麻布十番《あざぶじゅうばん》というまちに、「浪花家総本店《なにわやそうほんてん》」という、たいやき屋《や》さんがあります。店《みせ》の前《まえ》には、いつもいいかおりが、ただよっていて、お客《きゃく》さんの行列《ぎょうれつ》がたえません。

この店《みせ》は、商売《しょうばい》を始《はじ》めて百《ひゃく》十年以上《ねんいじょう》になります。実《じつ》は、この店《みせ》を始《はじ》めた神戸清次郎《かんべせいじろう》という人《ひと》が、たいやきの生《う》みの親《おや》だといわれています。

清次郎《せいじろう》さんは、大阪《おおさか》から東京《とうきょう》にやってきて商売《しょうばい》を始《はじ》めました。開《かい》店当時《てんとうじ》、まず売《う》ったのは、以前《いぜん》から作《つく》っていた「今川《いまがわ》やき」でした。今川《いまがわ》やきは、小麦粉《こむぎこ》と水《みず》などで作《つく》った生地《きじ》を、金《きん》ぞくの丸《まる》いかたに流《なが》しこんで、あんこを入《い》れてやいたおかしです。できあがりは、たいこのような形《かたち》ですが、味《あじ》はたいやきとにています。

けれど、清次郎《せいじろう》さんが売《う》りだした今川《いまがわ》やきは、あまり売《う》れませんでした。

そこで、清次郎《せいじろう》さんはひと工夫《くふう》。今川《いまがわ》やきのかたをやめて、カメのこうらの形《かたち》

のかたを使《つか》ってみました。

「めずらしい形《かたち》だから、きっとたくさん売《う》れるだろう」と、清次郎《せいじろう》さんは期待《きたい》したことでしょう。しかし、その期待《きたい》もむなしく、「かめやき」も、さっぱり売《う》れませんでした。

さて、こまりました。

「お客《きゃく》さんがよろこぶには、どうしたらいいか」と、清次郎《せいじろう》さんはなやみました。そして思《おも》いついたのが、タイの形《かたち》です。職人《しょくにん》さんにタイの形《かたち》のかたを作《つく》ってもらい、たいやきを売《う》りだしました。清次郎《せいじろう》さんの期待《きたい》どおり、たいやきは大《だい》ヒット。毎日《まいにち》、たくさん売《う》れました。

どうして人気《にんき》をよんだのでしょうか。

その理由《りゆう》は、タイが日本人《じん》にとってとくべつな魚《さかな》だったからです。すがたがりっぱで美《うつく》しいピンク色《いろ》のタイは、おいしいだけではありません。「おめでたい」といって、おいわいのせきにかかせない食《た》べ物《もの》でした。

でも、タイはねだんが高《たか》いので、多《おお》くの人《ひと》はめったに食《た》べることができませんでした。そんな人《ひと》は「今日《きょう》のタイは新《しん》せんだね」と、じょうだんをいいながら、たいやきを食《た》べたといいます。

大《おお》みそかに、どうしてそばを食《た》べるの？

十二月《がつ》三十一日《にち》の大《おお》みそかに、そばを食《た》べる習《なら》わしは、今《いま》から三百年《びゃくねん》くらい昔《むかし》の、江戸時代《えどじだい》の中《なか》ごろに、全国《ぜんこく》に広《ひろ》まりました。

このそばを、「年《とし》こしそば」といいます。「年《とし》こし」とは、古《ふる》い年《とし》をこして、新《あたら》しい年《とし》をむかえる、ということです。

大《おお》みそかに、そばを食《た》べるようになった理由《りゆう》については、いくつかの話《はなし》がつたわっています。

その一つは、「細《ほそ》くて長《なが》いそばのように、家《いえ》のはんえいや命《いのち》も長《なが》くのびますようにと、ねがって、食《た》べるようになった」というもの。

そのほかに「昔《むかし》、金《きん》や銀《ぎん》の細工《さいく》をする職人《しょくにん》さんは、ちらばった金《きん》や銀《ぎん》の粉《こな》を、練《ね》ったそば粉《こ》につけて集《あつ》めていた。そこで、職人《しょくにん》さん以《い》外《がい》の人《ひと》たちも、金銀《きんぎん》が集《あつ》まるように（お金《かね》持《も》ちになるように）とねがって、そばを食《た》べるようになった」という話《はなし》もあります。

広《ひろ》く知《し》られているのは、一つ目《め》の話《はなし》ですが、どちらも、よいことがありますようにと、ねがうところは同《おな》じです。

大《おお》みそかに食《た》べる年《とし》こしそばは、新《あたら》しい年《とし》によいことが起《お》こるようにという思《おも》いをこめながら、食《た》べる物《もの》なのです。

地方《ちほう》によっては、年《とし》こしそばを、「つごもりそば」、「みそかそば」、「くれそば」などと、よぶところもあります。

ところで、お正月《しょうがつ》に食《た》べるおせち料理《りょうり》の中《なか》にも、えんぎをかついで食《た》べる物《もの》が入《はい》っています。とくに、新年《しんねん》をいわうのにかかせない食《た》べ物《もの》といわれているのが、黒豆《くろまめ》、数《かず》の子《こ》、田作《たづく》りです。

黒豆《くろまめ》は、「けんこうになりますように」とか、「まめに、はたらくことができますように」と、ねがって食《た》べる料理《りょうり》です。「からだがじょうぶであること」、「まじめによくはたらくこと」を、べつな言《こと》葉《ば》で「まめ」というからです。

数《かず》の子《こ》は、ニシンという魚《さかな》のたまごです。ニシンのおなかには、たくさんのたまごが入《はい》っていることから「多《おお》くの子《こ》どもが生《う》まれて、子孫《しそん》がはんえいしますように」と、ねがって食《た》べます。

田作《たづく》りは、たまごからかえったばかりの、カタクチイワシという魚《さかな》で作《つく》ります。三百年《びゃくねん》から四百年《ひゃくねん》くらい前《まえ》の江戸時代《えどじだい》には、ほしたカタクチイワシを田畑《たはた》のひりょうに使《つか》っていたことから、田作《たづく》りは、豊作《ほうさく》をねがって食《た》べるようになりました。

マグロの「とろ」は、どうしてそうよぶの？

マグロのおなかの身《み》のことを、「とろ」といいます。なぜ「とろ」とよぶかというと、とてもやわらかくて、口《くち》に入《い》れたときに、「とろっ」と、とろけるような感《かん》じがするからです。
とろは、ほかの部分《ぶぶん》よりも、しぼうをたくさんふくんでいます。しぼうというのは、脂《あぶら》のことです。しぼうが多《おお》いので、とろっとし

ていて、やわらかいのです。また、赤《あか》い身《み》の中《なか》に、たくさんのしぼう（白《しろ》い部《ぶ》分《ぶん》）がまざっているので、とろはうすいピンク色《いろ》をしています。

マグロのおなかとせなかにはさまれた真《ま》ん中《なか》のところを、「赤身《あかみ》」といいます。身《み》が、きれいな赤《あか》い色《いろ》をしているので、「赤身《あかみ》」とよばれるようになりました。

マグロのさしみを日本でよく食《た》べるようになったのは、二百年《ひゃくねん》ほど前《まえ》の、江戸《えど》時代《じだい》の後半《こうはん》のことでした。そのころ、食《た》

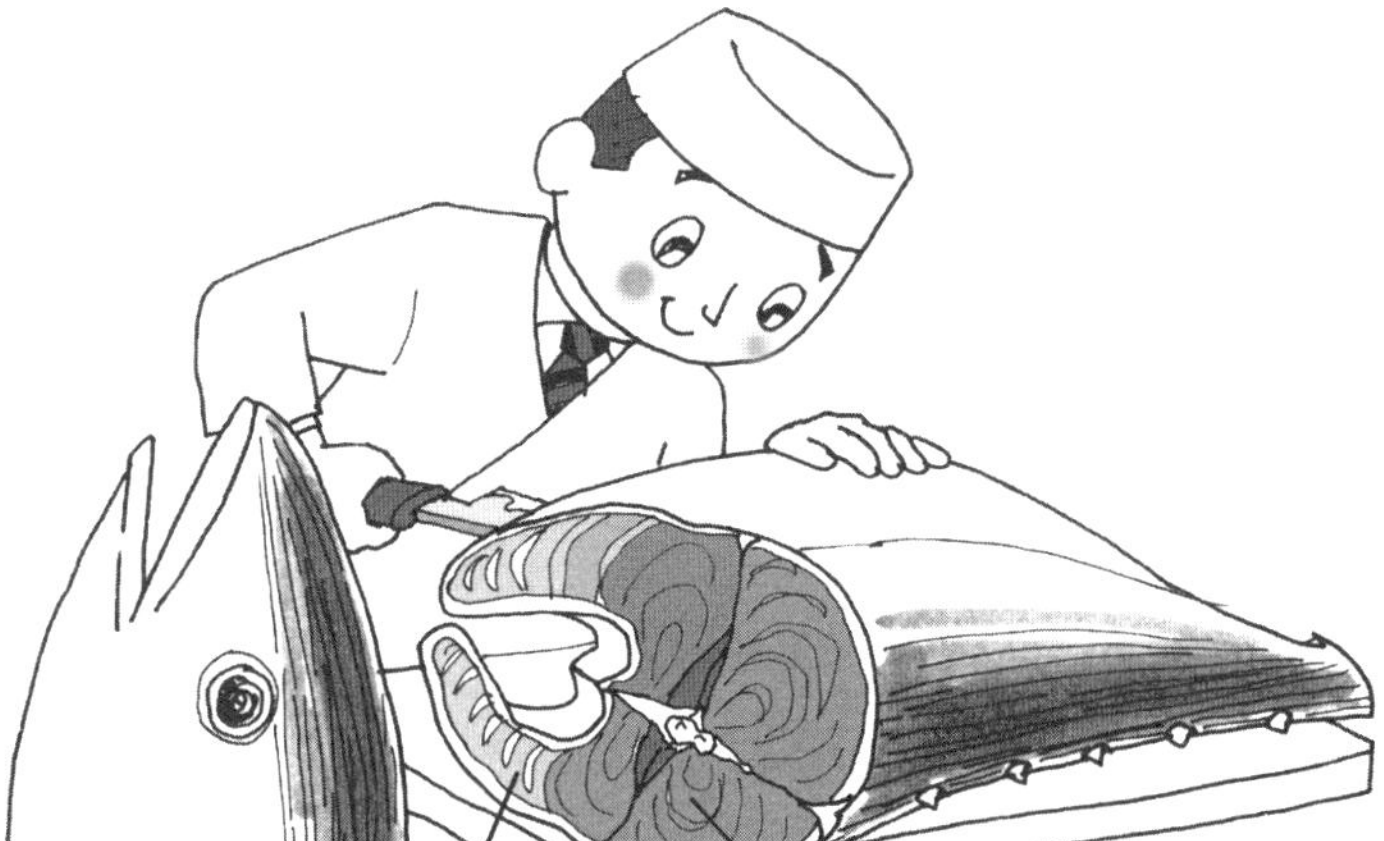

べていたのは赤身《あかみ》だけで、とろは、すてられていました。赤身《あかみ》にくらべると、とろはくさりやすくて、味《あじ》やかおりがすぐに悪《わる》くなってしまうからです。「魚《さかな》がすきなネコでさえも、またいで通《とお》りすぎてしまうくらい、おいしくない」という意味《いみ》で、とろのことを「ねこまたぎ」と、よんでいました。

とろをよく食《た》べるようになったのは、今《いま》から九十年《ねん》くらい前《まえ》の、昭和時代《しょうわじだい》のはじめごろからです。船《ふね》のせいのうがよくなって、遠《とお》くの海《うみ》でとった魚《さかな》を、早《はや》く港《みなと》に持《も》ちかえることができるようになり、新《しん》せんなマグロが出回《でまわ》りはじめました。

さらに、今《いま》から六十年《ねん》ほど前《まえ》になると、船《ふね》の上《うえ》で魚《さかな》をひやしたり、こおらせたりするぎじゅつが、大《おお》きく進歩《しんぽ》しました。今《いま》では、マグロをとったらすぐに、マイナス六十度《ど》という、とてもひくい温度《おんど》で、すばやくこおらせます。そうすると、約《やく》二年間《ねんかん》、新《しん》せんなままで、ほぞんすることができるのです。

　わたしたちがとろをおいしく食《た》べることができるのも、このようなぎじゅつの進歩《しんぽ》のおかげです。

＋－×÷＝の記号《きごう》は、どうしてこんな形《かたち》なの？

小学校《しょうがっこう》で習《なら》う算数《さんすう》は、数学《すうがく》という学問《がくもん》の入門編《にゅうもんへん》です。あなたも、中学生《ちゅうがくせい》になったら、数学《すうがく》を勉強《べんきょう》することになるでしょう。

算数《さんすう》や数学《すうがく》にかかせない計算《けいさん》は、何千年《なんぜんねん》も昔《むかし》から、研究《けんきゅう》されてきました。今《いま》のような計算式《けいさんしき》ができるまでは、さまざまな国《くに》の数学者《すうがくしゃ》たちが、自分《じぶん》で作《つく》った記号《きごう》を自分《じぶん》のルールで使《つか》っていたので、いろいろな書《か》き方《かた》がありました。日本では、二百年《ひゃくねん》くらい前《まえ》まで、「和《わ》算《さん》」という方法《ほうほう》を使《つか》っていました。

世界中《せかいじゅう》の数学者《すうがくしゃ》たちが作《つく》った、たくさんの記号《きごう》は、親《した》しい仲間どうしで同《おな》じ記号《きごう》を使《つか》ったり、ある学者《がくしゃ》が本《ほん》に書《か》いた記号《きごう》が有名《ゆうめい》になったり、その本《ほん》が外国《がいこく》に広《ひろ》まったりしたことで、多《おお》くの人《ひと》が同《おな》じ記号《きごう》を使《つか》うようになって、少《すこ》しずつまとまっていきました。

では、今《いま》、あなたが使《つか》っている＋－×÷＝の記号《きごう》は、どのようにできたものなのでしょうか。

「＋」と「－」は、今《いま》から五百年《ひゃくねん》以上前《いじょうまえ》に、ドイツ人《じん》のウィドマンが発表《はっぴょう》しました。「＋」は、古《ふる》いヨーロッパの言葉《ことば》、ラテン語《ご》のet(エト、「～と～」という意味《いみ》）を、「－」は、ドイツ語《ご》のminus（ミーヌス）の頭文字《かしらもじ》m《エム》を、速《はや》く書《か》いているうちに、たんじゅんになったものだといわれています。

「×」は、今《いま》から約《やく》四百年前《ひゃくねんまえ》に、イングランド（げんざいのイギリスの一部《いちぶ》）のオートレッドが発表《はっぴょう》しました。しかし、x《エックス》とまちがえやすかったため、当時《とうじ》はあまりこのまれませんでした。

「÷」は、今《いま》から約《やく》三百《びゃく》六十年前《ねんまえ》に、スイス人《じん》のラーンが発表《はっぴょう》しました。形《かたち》のいわれは、くわしくはわかりません。当初《とうしょ》、スイスやまわりの国《くに》ではあまり広《ひろ》まりませんでしたが、イギリスの有名《ゆうめい》な学者《がくしゃ》ニュートンが使《つか》ったことで、イギリスから広《ひろ》まりました。

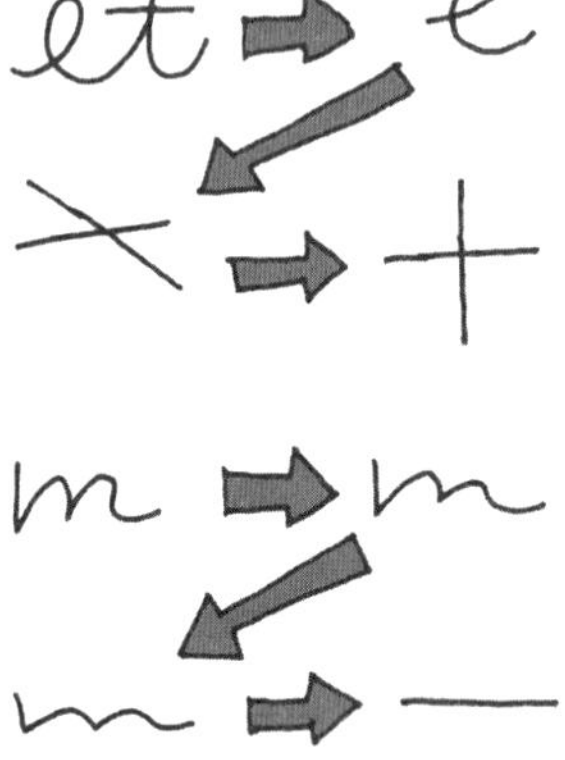

「＝」は、約《やく》四百《ひゃく》六十年前《ねんまえ》に、ウェールズ（げんざいのイギリスの一部《いちぶ》）のレコードが発表《はっぴょう》しました。それまでレコードは、Ｚ《ゼット》のような記号《きごう》を「＝」の意味《いみ》で使《つか》っていましたが、「二本《ほん》の同《おな》じ長《なが》さの線《せん》がならんでいるのは、等《ひと》しいことを表《あらわ》すのにちょうどいい」と思《おも》い、この記号《きごう》を作《つく》りました。

今《いま》では、ほとんどの国《くに》でこれらの記号《きごう》を使《つか》っていますが、実《じつ》は、ちがう記号《きごう》を使《つか》うこともあります。たとえば、フランスでは、「÷」を「：」と書《か》いたり、日本でも、「×」を「・」と書《か》くこともあります。

どうしたら、絵《え》がうまくなるの？

みなさんは、「うまい絵《え》」とは、どんな絵《え》だと思《おも》いますか。色《いろ》が美《うつく》しい絵《え》、いんしょうてきな絵《え》など、うまい絵《え》といっても、いろいろあります。でもきっと、みなさんの多《おお》くが、「本物《ほんもの》そっくりな絵《え》」を思《おも》いうかべたことでしょう。

こうした絵《え》をかくには、えがきたいものをよく見《み》ることが大切《たいせつ》。

なんとなく見《み》るのではなく、じっくり「かんさつ」するのです。

このとき、かんさつしたものを、一つひとつていねいにいしきします。言葉《ことば》にして、自分《じぶん》でたしかめるのもいいですよ。

たとえばリンゴをかんさつしていると、それまで、気《き》づかなかったことが見《み》えてきます。「左右《さゆう》の形《かたち》がちがう」「色《いろ》は赤《あか》だけではなく、下《した》のほうが黄色《きいろ》い」「光《ひか》っているところと、かげの部分《ぶぶん》がある」。

こんなふうに、いくつ言葉《ことば》にできますか。うまい絵《え》をかく人《ひと》ほど、ものをよく見《み》ているので、言《こと》葉《ば》がたくさん見《み》つかるは

ずです。画家《がか》は、目《め》に見《み》えない人物《じんぶつ》のせいかくや気持《きも》ちまで、見《み》てとって、絵《え》にしてしまうこともあります。

ところで、いくらかんさつしても、それをそのまま表現《ひょうげん》するのは、かんたんではありません。それには「練習《れんしゅう》」が、ひつようです。スポーツ、楽器《がっき》、ダンスなど、なんでも練習《れんしゅう》しなければ、上達《じょうたつ》しません。絵《え》も同《おな》じです。身近《みぢか》なもの、友《とも》だちや自分《じぶん》の顔《かお》、まどから見《み》える風景《ふうけい》など、どんどん絵《え》をかいてみましょう。

こつを二つしょうかいしましょう。一つ目《め》は、右《みぎ》ききの人《ひと》は、左《ひだり》から右《みぎ》に、左《ひだり》ききの人《ひと》は右《みぎ》から左《ひだり》にかいていくこと。線《せん》がきれいに引《ひ》け、自分《じぶん》の手《て》で画用紙《がようし》をよごさずにすむからです。

二つ目《め》は、絵《え》を大《おお》きくかくように心《こころ》がけること。はみだしたら、画用紙《がようし》を足《た》せばいい、という気持《きも》ちのほうが、上手《じょうず》になります。

最後《さいご》に、絵《え》がうまくなるために一番《いちばん》大切《たいせつ》なことをおぼえておいてください。それは、「自分《じぶん》は絵《え》がかけない」と思《おも》わないこと、「うまくなる」と自信《じしん》を持《も》つことです。大《おお》きくかけない人《ひと》は、絵《え》をかいたあとに画用紙《がようし》の白《しろ》い部分《ぶぶん》を切《き》ってみてください。上手《じょうず》に見《み》えて、自信《じしん》がわいてきますよ。

自転車《じてんしゃ》の最高速度《さいこうそくど》は、どれくらい？

あなたが、ふだん乗《の》る自転車《じてんしゃ》を、思《おも》いきり速《はや》くこいだとしても、時速《じそく》は三十キロメートルくらいです。時速《じそく》とは、一時間《じかん》に進《すす》むきょりのことです。

人間《にんげん》の力《ちから》だけでこいだときの＊世界最高速度《せかいさいこうそくど》は、カナダ人《じん》のトッド・ライカートが、二〇一六年《ねん》にアメリカで記録《きろく》した、時速百《じそくひゃく》四十四・一七キロメートルです。日本では、高速道路《こうそくどうろ》を走《はし》る車《くるま》でも出《だ》すことがゆるされないこのスピードを、どうやって出《だ》したのでしょうか。

もちろん、乗《の》る人《ひと》のきん肉《にく》の力《ちから》や体力《たいりょく》は重要《じゅうよう》ですが、どんな自転車《じてんしゃ》で走《はし》るかということが、結果《けっか》を大《おお》きく左右《さゆう》します。

ライカートが乗《の》っていたのは、「ストリームライナー」というしゅるいの自転《じてん》車《しゃ》でした。これは、速《はや》さをきそうための工夫《くふう》がされている、とくべつなもの。走《はし》っ

ストリームライナーの風《かぜ》よけのカプセルの様子《ようす》。乗《の》る人《ひと》は外《そと》から見《み》えません。

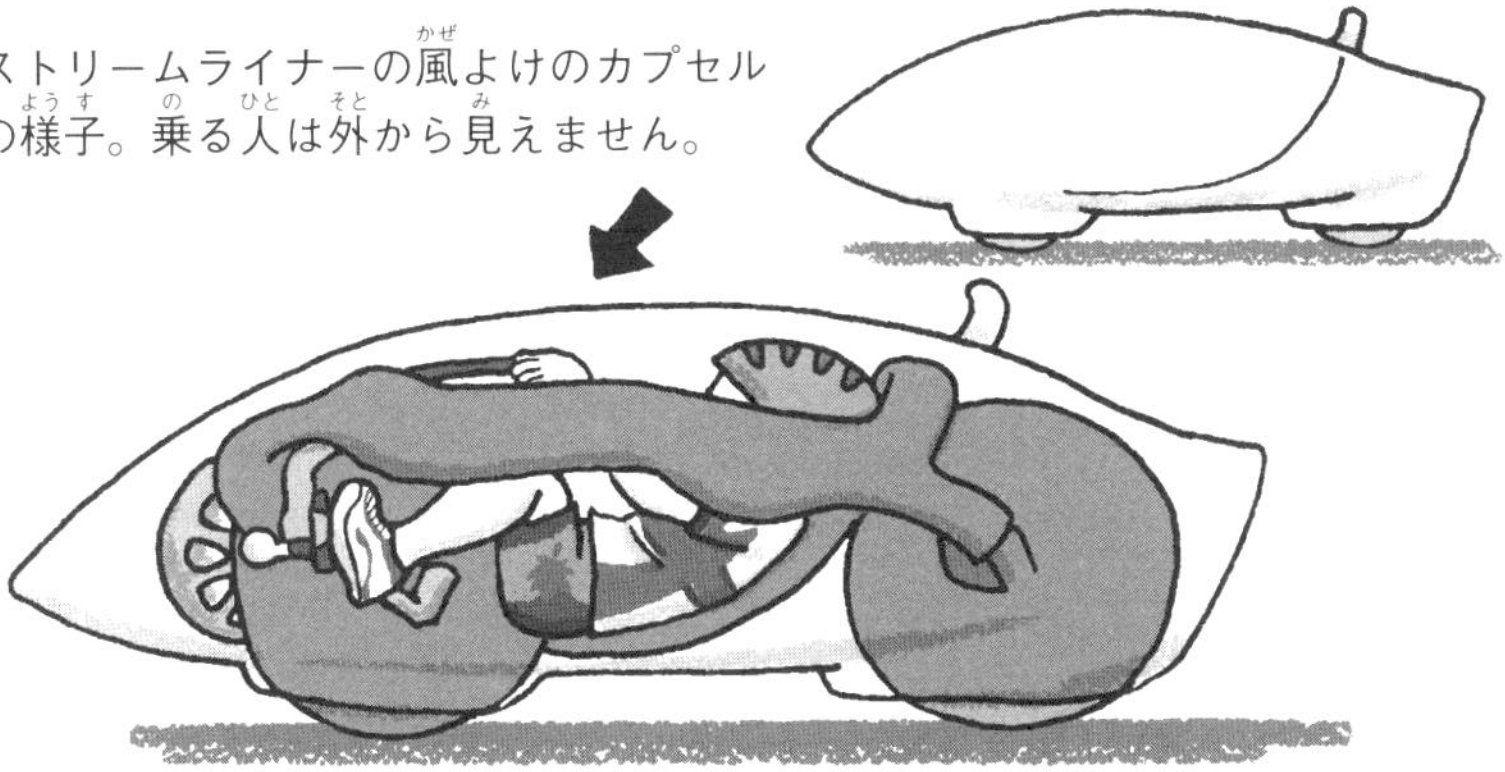

＊記録《きろく》は、2019年《ねん》10月1日現在《がつついたちげんざい》のもの。

ているときの人《ひと》や自転車《じてんしゃ》に当《あ》たる空気《くうき》の強《つよ》い力《ちから》をへらすため、サドルの位置《いち》は地面《じめん》に近《ちか》く、まるでカプセルのような風《かぜ》よけですっぽりおおわれています。車体《しゃたい》を軽《かる》くするため、ブレーキがなく、止《と》まるときには、人《ひと》の助《たす》けがひつようです。そのため、このストリームライナーでは、ふつうの道路《どうろ》は走《はし》れません。

まちで見《み》かける自転車《じてんしゃ》の中《なか》にも、速《はや》く走《はし》る工夫《くふう》がされているものがあります。

からだを、ぐっと前《まえ》にたおしたしせいになる自転車《じてんしゃ》は、ペダルをふむ足《あし》に強《つよ》い力《ちから》がかけられるだけでなく、からだに当《あ》たる空気《くうき》の力《ちから》をへらします。

フレームの部分《ぶぶん》のざいしつをかえて軽《かる》くしたり、タイヤを細《ほそ》くして、スピードを出《だ》しやすくしているものもあります。

しかし、日本では、ほうりつ上《じょう》、自転車《じてんしゃ》は車両《しゃりょう》とされ、「車両《しゃりょう》は、標識《ひょうしき》で最高速度《さいこうそくど》が決《き》められている道路《どうろ》では、速度《そくど》を守《まも》らなくてはならない」と決《き》まっています。どれほどスピードが出《で》る自転車《じてんしゃ》でも、ほうりつを守《まも》らなければなりません。

自転車《じてんしゃ》は、ルールを守《まも》って、安全《あんぜん》に乗《の》ることが一番大切《いちばんたいせつ》です。

昔《むかし》からいわれている、「食《た》べあわせ」は、ほんとうによくないの？

日本には昔《むかし》から、「食《た》べあわせ」という、いいつたえがあります。これは、組《く》みあわせると、からだによくないとされる食《た》べ物《もの》のことで、生活《せいかつ》の知恵《ちえ》として、広《ひろ》く知《し》られていました。

食《た》べあわせは、ほんとうなのでしょうか。調《しら》べてみましょう。

ウナギとうめぼしは、ダメ？

×まちがい

ウナギのあぶらっこさと、うめぼしのすっぱさが合《あ》わさると、消《しょう》化《か》に悪《わる》いといわれていましたが、実《じつ》は、うめぼしの酸味《さんみ》が消化《しょうか》を助《たす》ける、よい組《く》みあわせです。でも、おいしいからといって、食《た》べすぎには注意《ちゅうい》しましょう。

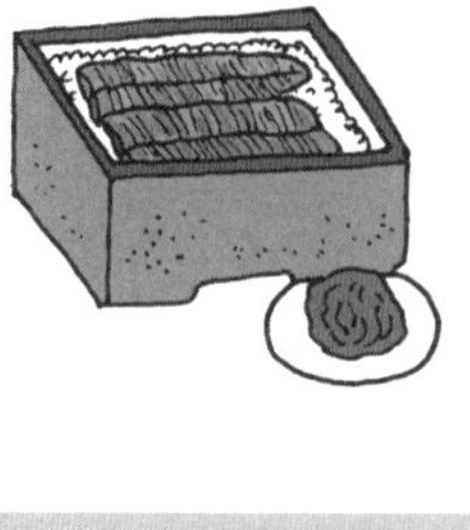

スイカと天《てん》ぷらは、ダメ？

○正《ただ》しい

油分《ゆぶん》の多《おお》い天《てん》ぷらを消化《しょうか》するには、胃《い》の中《なか》で出《で》る胃酸《いさん》という成分《せいぶん》がひつようです。でも、水分《すいぶん》の多《おお》いスイカを食《た》べると、水分《すいぶん》で胃酸《いさん》をうすめてしまうので、消化力《しょうかりょく》が弱《よわ》まってしまいます。

とくにスイカを食《た》べる夏《なつ》は、もともと、つめたいものや水分《すいぶん》のとりすぎで胃《い》が弱《よわ》っていることが多《おお》く、いっしょに食《た》べると、おなかをこわしやすい組《く》みあわせだと考《かんが》えられています。

カニと果物《くだもの》のカキは、ダメ？

○正《ただ》しい

今《いま》のように冷蔵庫《れいぞうこ》がなかった時代《じだい》には、カニのような、生《なま》ものは、いたみやすく、食《しょく》あたりになりやすい食材《しょくざい》の一つでした。また、同《おな》じ時期《じき》にしゅうかくされる果物《くだもの》のカキは、えいようはたっぷりですが、消化《しょうか》に悪《わる》いので、おなかの調子《ちょうし》がよくないときに食《た》べると、よくありません。

おなかの調子《ちょうし》が悪《わる》いときは、さけたほうがよい組《く》みあわせです。

ところてんと生《なま》たまごは、ダメ？

×まちがい

この二つは消化《しょうか》に時間《じかん》がかかるので、いっしょに食《た》べると胃《い》によくないといわれていました。

昔《むかし》は冷蔵庫《れいぞうこ》もなく、ところてんをよく食《た》べる夏《なつ》は、とくに生《なま》たまごがくさりやすかったからでしょう。今《いま》は、冷蔵庫《れいぞうこ》で、生《なま》たまごの新《しん》せんさがたもたれていれば、だいじょうぶです。

でも、二つともからだをひやす食《た》べ物《もの》なので、食《た》べすぎには注意《ちゅうい》しましょう。

マツタケとアサリは、ダメ？

×まちがい

マツタケは山《やま》の幸《さち》、アサリは海《うみ》の幸《さち》です。昔《むかし》は遠《とお》くまで物《もの》を運《はこ》ぶのに、時間《じかん》がかかりました。だから、山《やま》と海《うみ》の食《た》べ物《もの》をいっしょに食《た》べるのは、とれてから時間《じかん》がたっていることが多《おお》く、食《しょく》あたりになりやすかったのです。また、マツタケは秋《あき》、アサリは春《はる》が旬《しゅん》なので、いっしょに食《た》べるときには、どちらかのせん度《ど》がよくありません。冷蔵《れいぞう》ぎじゅつが発達《はったつ》した今《いま》なら、問題《もんだい》ありません。

文・メルプランニング　絵・タカタカヲリ　知ってびっくり！マーク・森佳世

生活《せいかつ》の、なぜ？ どうして？②

文・甲斐 望（48 ～ 55・60 ～ 71 ページ）
鎌田達也（グループ・コロンブス）（56 ～ 59 ページ）
嵯峨苗穂子（72 ～ 75 ページ）
絵・斉藤ワカメ

半分《はんぶん》にやぶれたおさつは、使《つか》えないの？

「しまった！　おさつをうっかりやぶっちゃった。」
こんなけいけんをしたことは、ありませんか。
おさつは、やぶれにくくできていますが、それでも切《き》れたり、まちがって、もやしてしまったら……。
やぶれたおさつは、新《あたら》しいおさつと交《こう》かんしてもらえます。ただし、いくつかの決《き》まりがあります。

おさつの三分《ぶん》の二以上《いじょう》がのこっている場合《ばあい》は、新《あたら》しいおさつと交《こう》かんすることができます。

三分《ぶん》の二以上《いじょう》がのこっていない場合《ばあい》でも、五分《ぶん》の二以上《いじょう》がのこっていれば、半分《はんぶん》のかちのお金《かね》と交《こう》かんすることができます。一万円《まんえん》の場合《ばあい》は五千円《せんえん》に、千円《せんえん》の場合《ばあい》は五百円《ひゃくえん》にかえてもらえます。五分《ぶん》の二以上《いじょう》のこっていない場合《ばあい》は、交《こう》かんすることはできません。

五百円玉《ひゃくえんだま》や、百円玉《ひゃくえんだま》などのこうかは、ぐにゃぐにゃに曲《ま》がってしまった場合《ばあい》でも、本物《ほんもの》とわかり、じょうけんをみたせば、新《あたら》しいもの

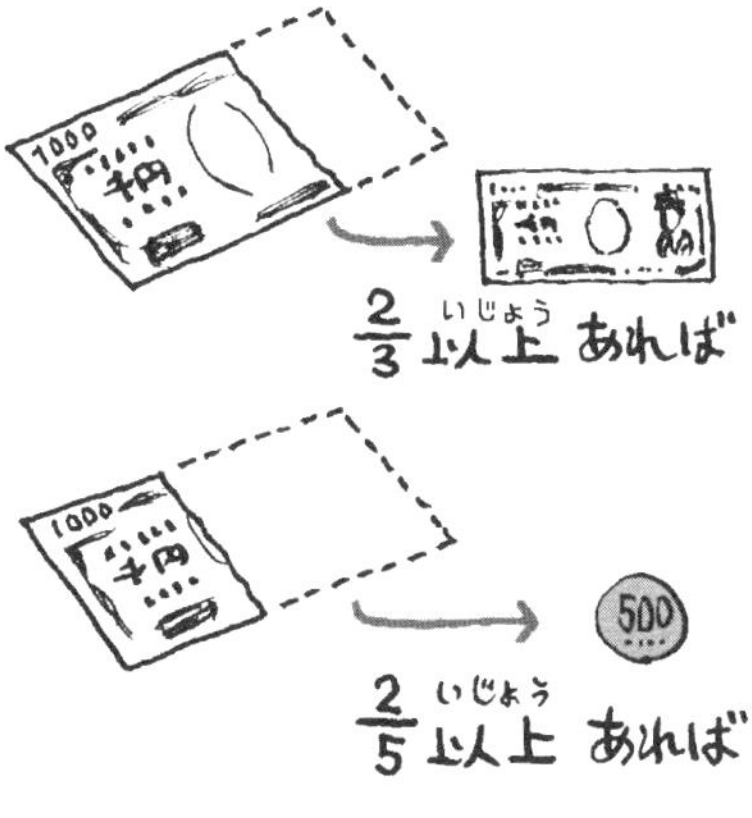

と交《こう》かんしてもらえます。

おさつやこうかの交《こう》かんは、ふつうの銀行《ぎんこう》でもできますが、はんだんするのがむずかしい場合《ばあい》は、日本銀行《ぎんこう》が行《おこな》います。おさつをよく見《み》てみると、表側《おもてがわ》に「日本銀行券《ぎんこうけん》」と書《か》いてありますね。日本銀《ぎん》行《こう》とは、日本のおさつを発行《はっこう》している、とくべつな銀行《ぎんこう》です。日本の、お金《かね》をめぐるくらしをささえる役《やく》わりがあります。

日本銀行《ぎんこう》では、あやまっておさつをもやしてしまい、一部《いちぶ》がはいになってしまっても、あるていどまでは、本物《ほんもの》かどうか調《しら》べることができるそうです。

また、おさつには、さまざまなしかけがしてあります。

おさつをすかしてみると、真《ま》ん中《なか》の白《しろ》い部分《ぶぶん》に顔《かお》などがうかびあがるのは、知《し》っていますね。ほかにも、紫外線《しがいせん》を当《あ》てると一部《いちぶ》がオレンジ色《いろ》や黄緑色《きみどりいろ》に光《ひか》ったり、「マイクロ文字《もじ》」といって、目《め》に見《み》えにくいほど小《ちい》さな文字《もじ》で「NIPPONGINKO」などと書《か》かれていたりという工夫《くふう》があります。このようにおさつには、にせ物《もの》を作《つく》ることができないよう、たくさんのしかけがなされているのです。

あやまっておさつをやぶいてしまうことは、つみにはなりませんが、本物《ほんもの》のおさつをコピーして、にせさつを作《つく》ったり、にせさつだと知《し》りながら使《つか》うことは、はんざいです。

おさつは大切《たいせつ》に、正《ただ》しく使《つか》いましょうね。

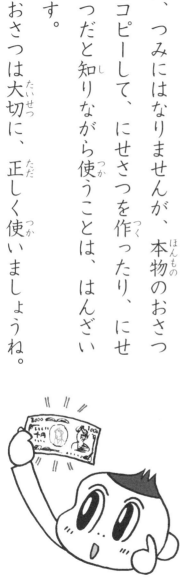

「八十八夜《や》」って、どんな日《ひ》？

♪　夏《なつ》も近《ちか》づく　八十八夜《や》
野《の》にも山《やま》にも　わか葉《ば》がしげる
あれに見《み》えるは　茶《ちゃ》つみじゃないか
あかねだすきに　すげのかさ　♪

あなたもこの歌《うた》を、きいたり歌《うた》ったりしたことがありますか。

古《ふる》くから日本人《じん》に親《した》しまれている、茶《ちゃ》つみ歌《うた》です。歌《うた》の中《なか》にも出《で》てくる「八十八夜《や》」とは、いったいどんな日《ひ》なのでしょうか。

八十八夜《や》とは、立春《りっしゅん》から数《かぞ》えて八十八日目《にちめ》のことです。立春《りっしゅん》は、こよみの上《うえ》で冬《ふゆ》が終《お》わり、春《はる》をむかえる日《ひ》。毎年《まいとし》二月《がつ》四日《か》ごろです。この立春《りっしゅん》から八十八日《にち》がすぎると、今度《こんど》は夏《なつ》の気配《けはい》がしてきます。八十八夜《や》となる毎年《まいとし》五月《がつ》二日《ふつか》ごろは、お茶《ちゃ》の葉《は》のつみとりに一番《ばん》てきした時期《じき》といわれています。

冬《ふゆ》の間《あいだ》に、養分《ようぶん》をたっぷりとたくわえたお茶《ちゃ》の木《き》が、春《はる》のめばえとともに新《あたら》しいめにたくさんのえいようをいきわたらせ、みずみずしいわか葉《ば》を成長《せいちょう》させます。八十八夜《や》の前後《ぜんご》につみとられたお茶《ちゃ》は、「新茶《しんちゃ》」とよばれ、ビタミンC《シー》などのえいようがほうふです。そのため、「新茶《しんちゃ》を飲《の》むと一年間病気《ねんかんびょうき》をせずに、元気《げんき》でくらせる」とか、「年《とし》をとらずに、長生《ながい》きできる」といわれ、日本では昔《むかし》からえんぎ物《もの》とされてきました。

じっさいには、お茶《ちゃ》の産地《さんち》は、北《きた》は東北《とうほく》地方《ちほう》から南《みなみ》は鹿児島県《かごしまけん》までで、その土地《とち》の気候《きこう》により、つみとり時期《じき》もちがいます。

一年《ねん》でもっともすごしやすい八十八夜《や》の時期《じき》は、夏《なつ》のじゅんびをするのによいころともいわれています。農家《のうか》の人《ひと》びとは、農作業《のうさぎょう》のじゅんびをしたり、イネのたねをまいたりする目安《めやす》にしてきました。

「八十八」という文字《もじ》を見《み》てください。組《く》みあわせると、「米《こめ》」に

なりますね。また、「八」という漢字《かんじ》は、上《うえ》から下《した》に広《ひろ》がっているため、「末広《すえひろ》がり」といって、えんぎのいい数字《すうじ》といわれています。

これらのことから、日本では古代《こだい》から、いな作《さく》にかかわる祭《まつ》りなどをこの時期《じき》に行《おこな》ってきました。今《いま》でも地《ち》いきによっては、まちの神社《じんじゃ》などで、秋《あき》の豊作《ほうさく》をいのる八十八夜《や》のお祭《まつ》りとして受《う》けつがれています。

同《おな》じようにきせつを表《あらわ》す数字《すうじ》に、「二百《ひゃく》十日《か》」があります。

こちらは立春《りっしゅん》から数《かぞ》えて二百《ひゃく》十日目《かめ》。毎年《まいとし》九月一日《がつついたち》ごろで、八十八夜《や》にたねをまいたイネが、ようやく実《みの》りはじめるころです。二百《ひゃく》十日《か》は、台風《たいふう》が来《く》る時期《じき》のため、農家《のうか》にとっては要注意《ようちゅうい》の日《ひ》とも、いわれています。

梅雨《つゆ》に雨《あめ》が たくさんふるのは、なぜ？

あなたは、「梅雨《つゆ》」という時期《じき》があるのを知《し》っていますか。これは、夏《なつ》がほんかくてきに始《はじ》まる少《すこ》し前《まえ》の、五月《がつ》から沖縄《おきなわ》で始《はじ》まり、北《きた》へいどうして七月《がつ》までつづく、雨《あめ》やくもりの日《ひ》が多《おお》い時期《じき》のことをいいます。北海道《ほっかいどう》をのぞく日本と、中国《ちゅうごく》の一部《いちぶ》や朝鮮半島《ちょうせんはんとう》、台湾《たいわん》などにもあります。

「梅《うめ》の雨《あめ》」と書《か》く理由《りゆう》については、はっきりとわかっていません。うめの実《み》がなる時期《じき》だから、あるいはかびがよく生《は》えるときなので「黴《ばい》（かび）雨《う》」と書《か》いたものが変化《へんか》したからなど、さまざまなせつがあります。

では、なぜ梅雨《つゆ》の時期《じき》に雨《あめ》が多《おお》いのでしょう。

冷《つめ》たい風《かぜ》を日本に送《おく》ってくる北《きた》のオホーツク海高気圧《かいこうきあつ》（高気圧《こうきあつ》と

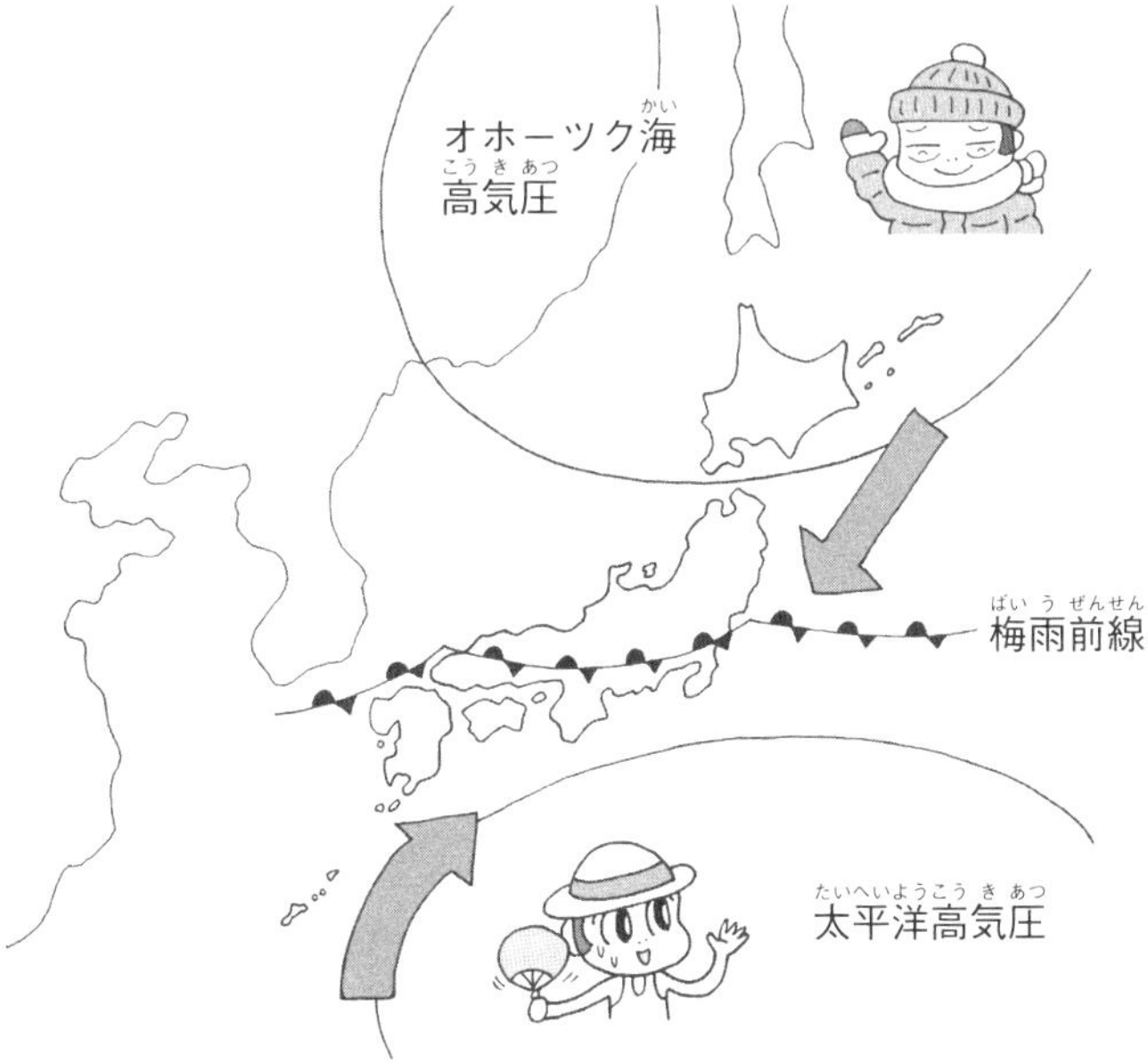

は、まわりより空気《くうき》の圧力《あつりょく》が高《たか》いところという意味《いみ》）が、五月《がつ》ごろにあらわれます。さらに、南《みなみ》から温《あたた》かくしめった風《かぜ》を日本の近《ちか》くに送《おく》りこんでくる太平洋高気圧《たいへいようこうきあつ》のいきおいが強《つよ》くなります。

　この二つの方向《ほうこう》からの風《かぜ》が同《おな》じくらいの力《ちから》でおしよせると、ぶつかりあった空気《くうき》がおびのように日本列島近《れっとうちか》くにとどまるようになります。これが梅雨前線《ばいうぜんせん》です。

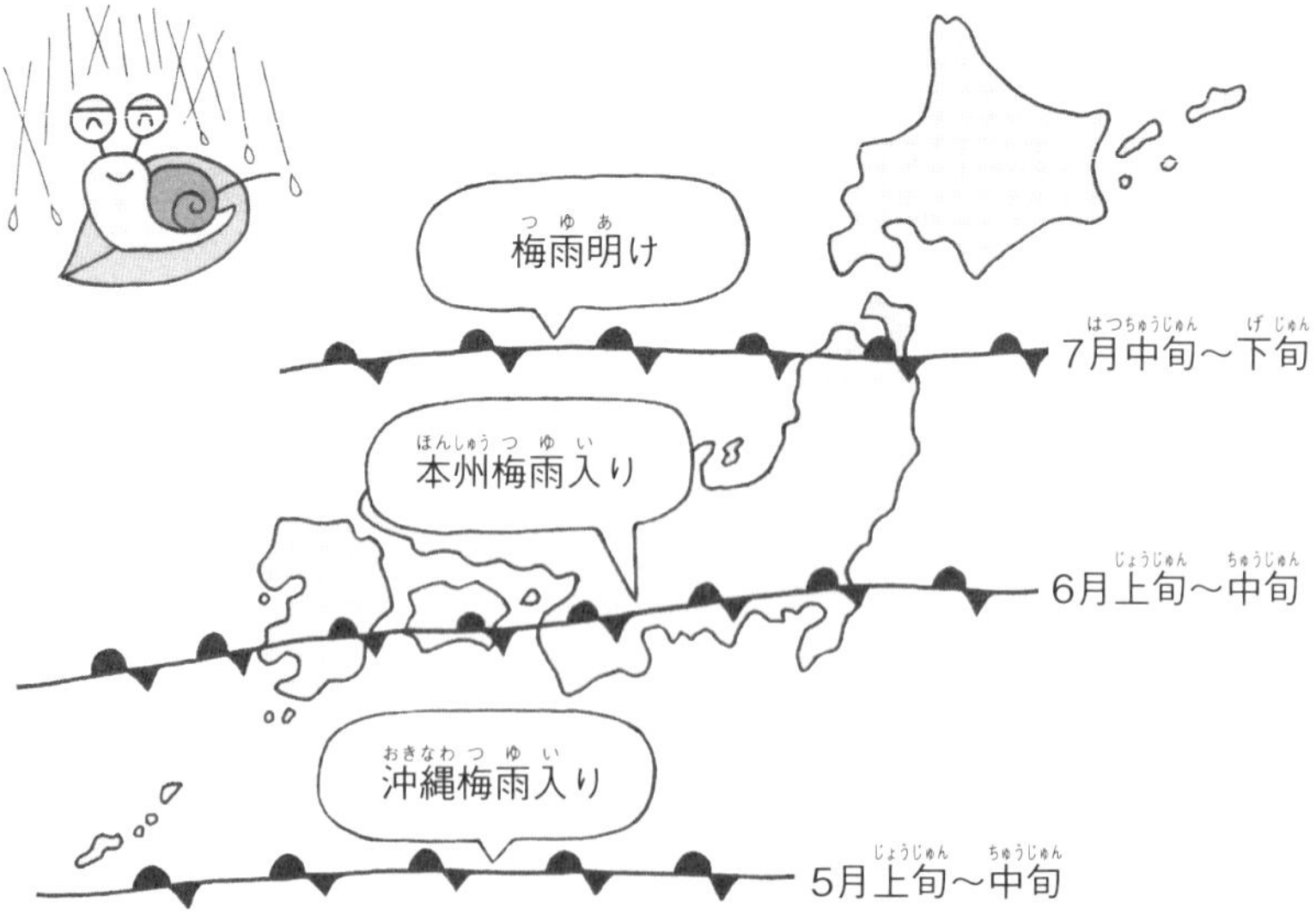

前線《ぜんせん》ができたところでは、ぶつかった空気《くうき》が下《した》から上《うえ》に流《なが》れます。そして、温《あたた》かくしめった空気《くうき》が、寒《さむ》い上空《じょうくう》でひやされて雨雲《あまぐも》になることによって、雨《あめ》がふりやすくなるのです。

梅雨前線《ばいうぜんせん》は五月《がつ》くらいから日本列島近《れっとうちか》くにいすわり、太平洋高気《たいへいようこうき》圧《あつ》のいきおいが強《つよ》くなる七月半《がつなか》ばまで、北上《ほくじょう》しながら日本各地《かくち》に雨《あめ》をふらせます。

そして太平洋高気圧《たいへいようこうきあつ》におされて前線《ぜんせん》が北《きた》にいどうしたり消《き》えたりすると、晴《は》れの日《ひ》がふえて「梅雨明《つゆあ》け」となります。

また、秋《あき》にも同《おな》じような前線《ぜんせん》が発生《はっせい》し、「秋雨前線《あきさめぜんせん》」とよばれています。東日本《ひがしにほん》では、梅雨時《つゆどき》よりも九月《がつ》から十月《がつ》にかけての雨《あめ》のりょうのほうが多《おお》くなります。

どうして神社《じんじゃ》やお寺《てら》には、おみくじがあるの？

新年《しんねん》のはつもうでなどで、神社《じんじゃ》やお寺《てら》に行《い》ったことはありますか。多《おお》くの神社《じんじゃ》やお寺《てら》には、おみくじがあります。おまいりのあとに、運《うん》だめし……。吉《きち》が出《で》るか、凶《きょう》が出《で》るか、ドキドキしながら引《ひ》いたことが、きっとあるでしょう。

おみくじは、そもそもなぜ、神社《じんじゃ》やお寺《てら》にあるのでしょう。

今《いま》から千年以上前《せんねんいじょうまえ》。京《きょう》の都《みやこ》に近《ちか》い比叡山延暦寺《ひえいざんえんりゃくじ》というお寺《てら》の、元《がん》三大師《ざんだいし》という人《ひと》が始《はじ》めた「観音《かんのん》くじ」が、日本のおみくじの始《はじ》まりといわれています。

日本でおそろしい伝《でん》せん病《びょう》がはやっていた時代《じだい》、元三大師《がんざんだいし》は、人《ひと》びとをわざわいや苦《くる》しみからすくうため、観音様《かんのんさま》にひたすら、いのりました。そして、観音様《かんのんさま》からさずかったさまざまな言葉《ことば》を、おまいりに来《き》た一人《ひとり》ひとりにとどけようと、「観音《かんのん》くじ」をこしらえたといわれています。観音《かんのん》くじの内容《ないよう》は全部《ぜんぶ》で百《ひゃく》しゅるい。人《ひと》びとは、くじに書《か》かれた言葉《ことば》を大切《たいせつ》に守《まも》り、苦《くる》しいときを乗《の》りきっていったのです。

また、国《くに》の大《おお》きな決《き》めごとのとき、神様《かみさま》の前《まえ》でくじを引《ひ》いて決《き》めるということが行《おこな》われていました。「心《こころ》をしずかにし、神様《かみさま》の言葉《ことば》を聞《き》く」という国《くに》の習《なら》わしが、人《ひと》びとの生活《せいかつ》にもとけこみ、神社《じんじゃ》のおみくじに発《はっ》てんしていきました。

げんざい、全国《ぜんこく》の神社《じんじゃ》にあるおみくじの大半《たいはん》は、山口県《やまぐちけん》の神社《じんじゃ》にある女子道社《じょしどうしゃ》というところで、手作業《てさぎょう》により作《つく》られています。

「大吉《だいきち》だ！　えんぎがいいから持《も》ちかえろう。」

「うわあ。凶《きょう》が出《で》ちゃった。むすんで帰《かえ》ろう。」

こんな声《こえ》とともに、神社《じんじゃ》やお寺《てら》の境内《けいだい》で、あまりよくなかったおみくじをむすんでいる人《ひと》のすがたが見《み》られます。古《ふる》くから、「凶《きょう》のおみくじを、きき手《て》と反対《はんたい》の手《て》でむすべば、修行《しゅぎょう》したことになり、凶《きょう》が吉《きち》に転《てん》じる」などといわれ、やがて「むすぶ」ことで「新《あら》たな力《ちから》がそなわる」ことを意味《いみ》するようになりました。

また、よくおみくじの最後《さいご》に書《か》かれている、「これからの気持《きも》ち次第《しだい》で、運《うん》は、かわっていきます」といった言葉《ことば》。これは、「吉《きち》や凶《きょう》であることが、すべてではなく、どんな心《こころ》で生《い》きるかが、大切《たいせつ》なのですよ」ということを、教《おし》えてくれています。

最近《さいきん》では、「子《こ》どもみくじ」や「恋《こい》みくじ」、外国人向《がいこくじんむ》けに英語《えいご》のおみくじなども登場《とうじょう》し、おとずれる人《ひと》を楽《たの》しませています。

なぜ、年賀状《ねんがじょう》を出《だ》すの？

毎年《まいとし》、お正月《しょうがつ》にとどく年賀状《ねんがじょう》。最近《さいきん》は、パソコンやスマートフォンが広《ひろ》まったことで、その数《かず》はへっていますが、お友《とも》だちから心《こころ》のこもった手《て》がきの年賀状《ねんがじょう》をもらうと、やはりうれしいものですね。

年賀状《ねんがじょう》は、これまでにお世話《せわ》になった人《ひと》に「ありがとう」の気持《きも》ちをつたえ、新《あたら》しい年《とし》のあいさつをするために出《だ》すものです。

今《いま》から何千年《なんぜんねん》も前《まえ》の、げんざいのような紙《かみ》がまだなかった古代《こだい》エジプトの時代《じだい》から、人《ひと》びとの生活《せいかつ》の中《なか》には、「お世話《せわ》になった人《ひと》へ、新年《しんねん》のあいさつに行《い》く」という習《なら》わしがありました。やがて、紙《かみ》が作《つく》られるようになると、今度《こんど》は手紙《てがみ》によって新年《しんねん》のあいさつをするというしゅうかんが生《う》まれました。日本では、およそ千五百年前《せんごひゃくねんまえ》に中国《ちゅうごく》から紙《かみ》がつたわり、今《いま》から約千年前《やくせんねんまえ》の平安時代《へいあんじだい》には、すでに身《み》分《ぶん》の高《たか》い人《ひと》びとの間《あいだ》で、年賀状《ねんがじょう》のやりとりが行《おこな》われていたようです。

江戸時代《えどじだい》になると、ゆうびんのもととなる「ひきゃく」が江戸《えど》のまち中《なか》を配達《はいたつ》する、「まちびきゃく」も登場《とうじょう》し、年賀状《ねんがじょう》は人《ひと》びとの生活《せいかつ》の中《なか》にどんどん広《ひろ》まっていきました。

日本に官製《かんせい》はがきが生《う》まれたのは明治《めいじ》六年《ねん》（一八七三年《ねん》）。さいしょは、紙《かみ》をたてに二つおりにした形《かたち》のはがきを、使《つか》っていました。

やがてせんそうが始《はじ》まると、人《ひと》びとに年賀状《ねんがじょう》を出《だ》すよゆうはなくなり、すがたを消《け》してしまいました。

ところが、年賀状《ねんがじょう》は、ふたたびよみがえります。せんそうが終《お》わり、はなればなれになってしまった家族《かぞく》や親《しん》せきなどが、おたがいに元気《げんき》かどうか、れんらくを取《と》りあうために、年賀状《ねんがじょう》が使《つか》われはじめたのです。

「おたがいにはげましあって、日本に元気《げんき》を取《と》りもどしたい。年賀《ねんが》状《じょう》にくじのお年玉《としだま》をつけ、さらに、年賀状《ねんがじょう》にきふ金《きん》をつけて、病気《びょうき》の人《ひと》やまずしい人《ひと》たちにきふするのは、どうだろう。」

ある一人《ひとり》の市民《しみん》の、なにげないこんなアイデアがもとで生《う》まれたのが、「お年玉《としだま》くじつき年賀《ねんが》はがき」でした。

昭和《しょうわ》二十四年《ねん》(一九四九年《ねん》)に発行《はっこう》された第《だい》一回《かい》お年玉《としだま》くじつき年賀《ねんが》はがきの特等《とくとう》の賞品《しょうひん》はミシン、二等《とう》は子《こ》ども用《よう》のグローブ、三等《とう》は子《こ》ども用《よう》のかさ。子《こ》どものための賞品《しょうひん》が目立《めだ》つのは、このころは子《こ》どもが多《おお》かったためです。昭和《しょうわ》三十年代《ねんだい》には電気《でんき》せんたく機《き》、昭和《しょうわ》五十年代《ねんだい》には電子《でんし》レンジ、そして最近《さいきん》では、現金《げんきん》や旅行券《りょこうけん》などの賞品《しょうひん》が登場《とうじょう》するようになりました。

どうして、「びんぼうゆすり」というの？

カタカタ、カタカタ。ごはんを食《た》べながら、勉強《べんきょう》しながら、ゲームをしながら……気《き》がつくとつい、ひざをゆらゆらとゆすってしまう。そんな人《ひと》、いませんか。

「びんぼうゆすりをすると、びんぼう神《がみ》が来《く》るよ」とか、「ほんとうに、びんぼうになるよ」といわれ、お父《とう》さんやお母《かあ》さんに注意《ちゅうい》されたことがある人《ひと》も、いるのではないでしょうか。「びんぼうゆすり」というユニークな言葉《ことば》は、いったいどこから来《き》たのでしょう。

これには、昔《むかし》からつたわる、さまざまな話《はなし》があります。一つは、寒《さむ》い冬《ふゆ》の話《はなし》。エアコンやストーブのない時代《じだい》、冬《ふゆ》は人《ひと》びとが生活《せいかつ》するのに、とてもきびしいきせつでした。とくに、お金《かね》や住《す》むところのない人《ひと》にとっては、あたたかくするよゆうもなく、寒《さむ》さをしのぐ洋服《ようふく》もないので、思《おも》わずからだがぶるぶるふるえてしまいます。そのように、からだを小《ちい》さくぶるぶるとゆする様子《ようす》が、びんぼうでゆとりがないすがたに見《み》えることから、「びんぼうゆすり」とよぶようになったというものです。

もう一つは、「入《い》れ物《もの》をゆする」動作《どうさ》から生《う》まれたというもの。

たとえば口《くち》の小《ちい》さなびんに、キャンディが入《はい》っている場合《ばあい》、キャンディを取《と》りだすときには、びんの中《なか》に手《て》が入《はい》らないので、びんをさかさまにしてゆすりますね。このように、入《い》れ物《もの》に入《はい》った物《もの》は、ゆすると出《で》やすくなることから、からだをゆするとお金《かね》や幸《しあわ》せが出《で》ていってしまい、びんぼうになると

いわれてきました。

こうして、昔《むかし》の人《ひと》は、びんぼうになることをきらって、さまざまなことにたとえながら、からだをゆすることを「びんぼうゆすり」というようになったのでしょう。

このほかにも、「びんぼうひまなし」とか、「びんぼうくじを引《ひ》いた」など、びんぼうにたとえた言葉《ことば》はたくさんあります。

知《し》らず知《し》らずのうちに、カタカタとつくえやテーブルまでゆれている……こんなびんぼうゆすりは、そばにいる人《ひと》にとっても、あまり気分《きぶん》のよいものではありませんね。「びんぼうゆすり」という言《こと》葉《ば》には、おたがいに気分《きぶん》よくすごすために「やらないほうがいいよ」という意味《いみ》がこめられているのかもしれません。

ハロウィンには、なぜ、おばけのかっこうをするの?

十月《がつ》三十一日《にち》の、ハロウィンが近《ちか》くなると、おばけやおばけのようなカボチャの絵《え》を、あちこちで見《み》かけるようになりますね。

ハロウィンは、もともと、ケルト人《じん》という、昔《むかし》からヨーロッパに住《す》んでいた人《ひと》びとの行事《ぎょうじ》だといわれています。

ケルト人《じん》にとっては、十一月一日《がつついたち》が日本のお正月《しょうがつ》にあたる日《ひ》で、十月《がつ》三十一日《にち》は、大《おお》みそかでした。

この日《ひ》は、秋《あき》の作物《さくもつ》のしゅうかくをいわう日《ひ》であり、また、なくなった人《ひと》びとのたましいがこの世《よ》に帰《かえ》ってくる日《ひ》でもありました。

さらに、あの世《よ》からは、悪魔《あくま》や魔女《まじょ》、さまよっているおばけなどもやってくるとされていました。

そんなおばけたちに、しゅうかくした作物《さくもつ》をうばわれたり、子《こ》どもをさらわれたりしてはたいへんです。作物《さくもつ》や子《こ》どもを守《まも》るために、人《ひと》びとは、同《おな》じようなこわいかっこうをして、人間《にんげん》ではないふりをしたり、ぎゃくに悪《わる》いおばけなどをこわがらせて、追《お》いはらうために、かそうしたりしたのが始《はじ》まりです。

そのハロウィンが、のちにアメリカにつたわり、だんだんと、今《いま》のようなお祭《まつ》りになっていきました。ホラー映画《えいが》がはやると、フランケンシュタインやドラキュラなどもくわわり、いっそうにぎやかなイベントになりました。

今《いま》では、ハロウィンのキャラクターのようになっているカボチャのちょうちん「ジャック・オ・ランタン」は、もともとは、オレンジ色《いろ》のカボチャではなく、カブでした。カブをくりぬいて明《あ》かりを

ともし、魔《ま》よけとして、家《いえ》の入《い》り口《ぐち》につりさげていたのです。ランタンは、明《あ》かりという意味《いみ》のことばです。

それは、ケルト人《じん》のこんな昔話《むかしばなし》が、もとになっています。いじわるな男《おとこ》ジャックは、悪魔《あくま》をだまして、自分《じぶん》が死《し》んでも地獄《じごく》にはつれていかないというやくそくをしました。でも、ジャックは悪《わる》いことばかりしていたので、死《し》んでも天国《てんごく》には行《い》けず、かといって地獄《じごく》にも行《い》けません。そこで、小《ちい》さな明《あ》かりを、カブをくりぬいた中《なか》に入《い》れて持《も》ち、暗《くら》やみをさまよっている、というものです。

そんなカブのランタンも、アメリカにつたわってから、手《て》に入《はい》りやすいカボチャにかわりました。そして、今《いま》のようなハロウィンになって広《ひろ》まっていったのです。

今日《きょう》は、なんの日《ひ》？

ハロウィンだけでなく、わたしたちの身《み》の回《まわ》りには、記念日《きねんび》などのさまざまな「○○の日《ひ》」があります。

まずは、食《た》べ物《もの》にかんする「○○の日《ひ》」をしょうかいします。

バレンタインデー（二月《がつ》十四日《か》）

もともとは、キリスト教《きょう》の国《くに》でおくりものをしあう日《ひ》。日本では、女《おんな》の人《ひと》から男《おとこ》の人《ひと》にチョコレートで愛《あい》の告白《こくはく》をする日《ひ》になりました。最近《さいきん》では、友《とも》だちどうしでチョコレートを交《こう》かんする人《ひと》もいます。

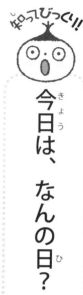

ホワイトデー（三月《がつ》十四日《か》）

バレンタインデーの一か月後《げつご》がホワイトデー。福岡県《ふくおかけん》のおかしの会社《かいしゃ》が、チョコレートのお返《かえ》しに、白《しろ》いマシュマロをおくろうと、せんでんしたのが始《はじ》まりといわれています。ほかにも、

ハムの日《ひ》（八月《がつ》六日《か》）

バナナの日《ひ》（八月《がつ》七日《か》）

やき肉《にく》の日《ひ》（八月《がつ》二十九日《にち》）などがあります。

「ハム＝八、六」や、「やき肉《にく》＝八、二、九」など、言葉《ことば》に数字《すうじ》を当《あ》てはめていますね。こうした「ごろあわせ」は、食《た》べ物《もの》以外《いがい》にもあります。

耳《みみ》の日《ひ》（三月《がつ》三日《か》）
ゴムの日《ひ》（五月《がつ》六日《か》）
たからくじの日《ひ》（九月《がつ》二日《ふつか》）
トイレの日《ひ》（十一月《がつ》十日《か》）など。

物《もの》のたん生《じょう》がきっかけで、できた記念日《きねんび》もあります。

ハンバーガーの日《ひ》（七月《がつ》二十日《はつか》）

東京《とうきょう》の銀座《ぎんざ》に、はじめてマクドナルドのお店《みせ》ができた日《ひ》です。

発明《はつめい》された日《ひ》や発見《はっけん》された日《ひ》が記念日《きねんび》になることもあります。

えんぴつ記念日《きねんび》（五月二日《がつふつか》）

明治時代《めいじじだい》、日本の文具会社《ぶんぐがいしゃ》が、はじめてえんぴつを作《つく》った日《ひ》。

ジェットコースター記念日《きねんび》（七月九日《がつここのか》）

一九五五年《ねん》、東京《とうきょう》の後楽園遊園地《こうらくえんゆうえんち》に日本ではじめて、ジェットコースターが登場《とうじょう》した日《ひ》。

UFO《ユーフォー》の日《ひ》（六月二十四日《がつにじゅうよっか》）

一九四七年《ねん》、アメリカのワシントン州《しゅう》でUFO《ユーフォー》がもくげきされた日《ひ》。

大《おお》きなできごとから、つくられた記念日《きねんび》もあります。

終戦《しゅうせん》の日《ひ》（八月《がつ》十五日《にち》）

一九四五年《ねん》、太平洋戦争《たいへいようせんそう》が終《お》わった日《ひ》。

防災《ぼうさい》の日《ひ》（九月一日《がつついたち》）

一九二三年《ねん》、関東大震災《かんとうだいしんさい》が起《お》こった日《ひ》。

防災《ぼうさい》とボランティアの日《ひ》（一月《がつ》十七日《にち》）

一九九五年《ねん》、阪神《はんしん》・淡路大震災《あわじだいしんさい》が起《お》こった日《ひ》。

人《ひと》びとの体験《たいけん》を、わすれることなく今《いま》につたえていこう――こんな思《おも》いから、こうした記念日《きねんび》は生《う》まれているのです。

文・甲斐望　絵・斉藤ワカメ　知ってびっくり！マーク・森佳世

からだの、なぜ? どうして?

文・入澤宣幸
絵・森のくじら

どうして、くしゃみが出《で》るの？

だれかにうわさをされていると、くしゃみが出《で》る、なんて聞《き》いたことがありますか。一回《かい》出《で》るくしゃみは、よいうわさ、二回《かい》出《で》るくしゃみは、悪《わる》いうわさ、などといわれることもあるようです。

でも、うわさと、くしゃみとは、関係《かんけい》ありません。

くしゃみは、鼻《はな》の中《なか》に、細《こま》かいものが入《はい》ったとき、それを外《そと》へふきとばそうとして出《で》るものです。

鼻《はな》のあなの入《い》り口《ぐち》は、小《ちい》さいですが、中《なか》は広《ひろ》くなっています。中《なか》のかべは、うすくてやわらかな「粘膜《ねんまく》」になっていて、いつもぬれています。それで、すいこんだ空気《くうき》は、鼻《はな》の中《なか》で、しめり気《け》をあたえられ、あたためられます。からだの中《なか》に、かわいたつめたい空気《くうき》が、そのまま入《はい》らないようにしているのです。

この粘膜《ねんまく》のはたらきは大事《だいじ》なので、粘膜《ねんまく》に、ごみやほこりがつくと、取《と》りのぞかなくてはなりません。自分《じぶん》では、そんな細《こま》かいものがついたかどうか、気《き》づかなくても、からだはわずかなしげきでも

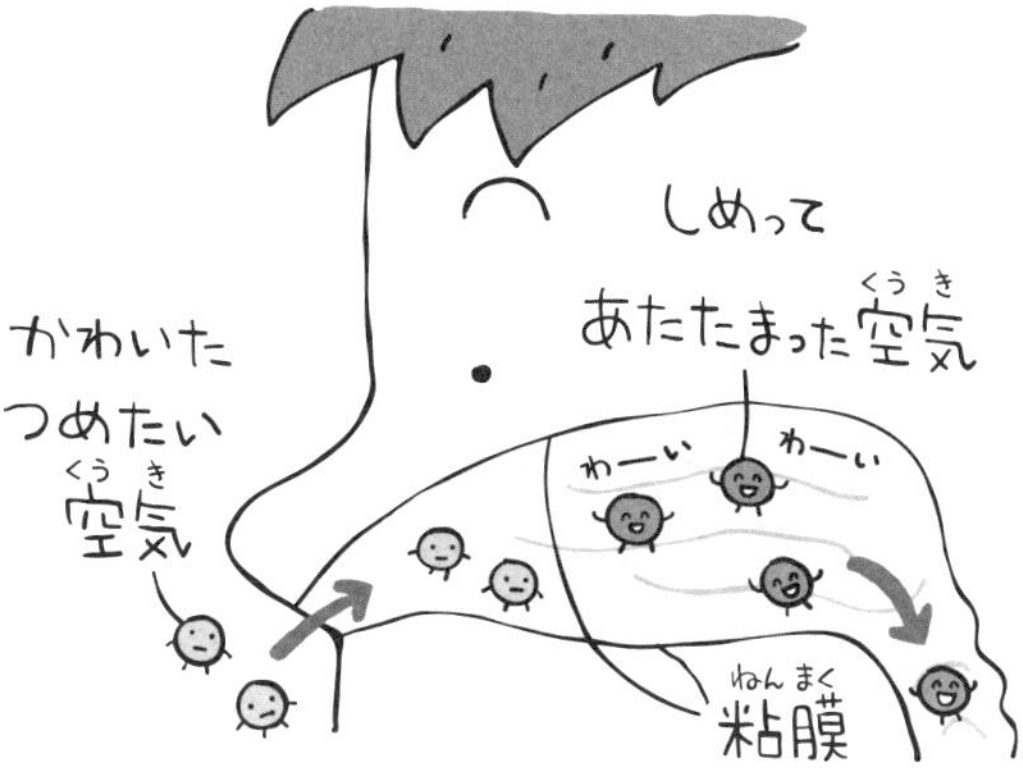

感《かん》じることができ、大急《おおいそ》ぎでふきとばそうとします。

だから、くしゃみは、出《だ》そうと思《おも》わないのに、出《で》てしまうのです。

かぜを引《ひ》いたときにも、くしゃみは出《で》ます。かぜを引《ひ》きおこす「ウイルス」が粘膜《ねんまく》につくので、それをふきとばそうとして出《で》ます。

でも、それだけではありません。

ウイルスのこうげきを受《う》けると、粘膜《ねんまく》がはれたり、きずついたりし

ます。そうすると、しげきを受《う》けやすくなり、くしゃみが出《で》ます。また、ねばねばした鼻水《はなみず》でおおわれたとき、それをふきとばそうとして出《で》ることもあります。

アレルギーで、くしゃみが出《で》ることもあります。アレルギーとは、たとえば花粉《かふん》やほこりなどをすいこんだとき、からだがそれらをあぶないものと感《かん》じ、受《う》けいれまいとして大《おお》さわぎしてしまうことです。そのときも、やはり粘膜《ねんまく》がはれたり、きずついたりして、しげきを受《う》けすぎてしまい、くしゃみが出《で》るのです。

はずかしいと、どうして顔《かお》が赤《あか》くなるの？

おおぜいの前《まえ》で発表《はっぴょう》するときや、人《ひと》の見《み》ているところでしっぱいしてしまったときなど、思《おも》わず顔《かお》がカーッとあつくなることがありますね。どうしてなのでしょう。

それは、顔《かお》の皮《ひ》ふの下《した》の血管《けっかん》が広《ひろ》がるからです。

顔《かお》の皮《ひ》ふの下《した》には、細《こま》かいきんにく肉《にく》がたくさんあります。それで、おこったり、ないたり、わらったり、いろいろな表情《ひょうじょう》をつくることができます。そういうきん肉《にく》に血《ち》を運《はこ》ぶために、顔《かお》の皮《ひ》ふの下《した》には、細《ほそ》い血管《けっかん》がたくさん通《とお》っています。

はずかしいと思《おも》ったときは、この血管《けっかん》が広《ひろ》がります。すると、血《ち》が急《きゅう》にたくさん流《なが》れるようになります。それで、顔《かお》がカーッとあつくなり、顔《かお》の赤《あか》みが、ますのです。

ではなぜ、はずかしいと血管《けっかん》が広《ひろ》がるのでしょう。実《じっ》は、はっきりした理由《りゆう》はわかりません。はずかしいという気持《きも》ちは、動物《どうぶつ》の中《なか》で人間《にんげん》にしかない気持《きも》ちで、たいへん細《こま》やかな感情《かんじょう》です。

何《なに》かを発表《はっぴょう》する場合《ばあい》、大人《おとな》ばかりを前《まえ》にしたときと、赤《あか》ちゃんばかりを前《まえ》にしたときとでは、はずかしさは全然《ぜんぜん》ちがうでしょう。おうちの人《ひと》の前《まえ》でしっぱいするのと、クラスみんなの前《まえ》でしっぱいするのとでも、ちがうはずです。今《いま》、自分《じぶん》は顔《かお》が赤《あか》くなっているかもしれない、はずかしい気《き》持《も》ちがわかってしまう、と思《おも》うと、ますますはずかしくなることもあります。

はずかしい気《き》持《も》ちには、いろいろな気《き》持《も》ちがまじりあっています。悲《かな》しいとか、こまったとか、くやしいとか、ときにはうれしい気《き》持《も》ちや、

とくいな気持《きも》ちまでも入《い》りまじります。

だから脳《のう》は、どうしたらよいかわからず、顔《かお》の細《こま》かいきん肉《にく》をどう動《うご》かしたらよいのかも、わからなくなります。それで、脳《のう》が落《お》ちつくまで、顔《かお》には血《ち》だけが送《おく》りこまれているのではないかとも考《かんが》えられています。

はずかしくなったとき、なぜ今《いま》、自分《じぶん》は、はずかしいのだろう、と考《かんが》えるだけで、急《きゅう》に楽《らく》になることがあります。はずかしさの理由《りゆう》と正体《しょうたい》がわかると、もうそれは、はずかしい気持《きも》ちではなくなっているものです。

また、自分《じぶん》が思《おも》っているほど、じっさいには赤《あか》くなっていないことのほうが多《おお》いようです。

走《はし》ると、どうして息《いき》が切《き》れるの？

かけっこのあとや、急《いそ》がなければならなくて走《はし》ったあとなど、気《き》づくとハアハア息《いき》が切《き》れています。どうして、走《はし》ると、ふだんとちがう息《いき》づかいになるのでしょう。

それは、空気《くうき》をからだに、たくさん取《と》りこむためです。

空気《くうき》にふくまれている酸素《さんそ》を、からだがひつようとしているため、

はげしく息《いき》をすったり、はいたりするのです。

では、なぜ酸素《さんそ》がひつようになるのでしょうか。

走《はし》るときには、ふだんよりも、たくさんエネルギーを使《つか》います。足《あし》を速《はや》く動《うご》かし、うでも、それに合《あ》わせていきおいよくふり、足《あし》のうらで地面《じめん》を強《つよ》くけって、からだを前《まえ》へ進《すす》ませます。からだのいろいろなきん肉《にく》を使《つか》うのです。

エネルギーは、「酸素《さんそ》」と「ブドウとう」でつくります。どちらも血《ち》にとけて、からだ中《じゅう》に運《はこ》ばれます。走《はし》るときは、からだのあちこちで、たくさんエネルギーを使《つか》

うので、心臓《しんぞう》も速《はや》く動《うご》き、血《ち》の中《なか》の酸素《さんそ》とブドウとうを、どんどん送《おく》りだします。

しかし酸素《さんそ》は、からだの中《なか》にたくわえておくことが、できません。からだがひつようになったときに、たくさんの酸素《さんそ》を取《と》りこもうとするため、息《いき》づかいがあらくなるのです。

いっぽう、ブドウとうは、ごはんやパン、うどん、さとうなどにふくまれている、えいようです。こちらはあるていど、からだにたくわえておくことができます。

では、走《はし》りおわったあとでも、しばらくの間《あいだ》、息《いき》がハアハアするのは、なぜでしょう。

それは、きん肉《にく》のつかれをとったり、あせをかいて体温《たいおん》を下《さ》げたりするなど、まだからだがふだんよりエネルギーをたくさん使《つか》っているからなのです。

ちなみに、血《ち》の中《なか》にブドウとうがなくなると、「かん臓《ぞう》」というところにたくわえられている「グリコーゲン」が、エネルギーをつくるのに使《つか》われます。グリコーゲンを使《つか》いはたしてしまうと、「しぼう」が使《つか》われます。

運動《うんどう》をたくさんしたら、えいようもしっかりとりましょう。

あついおふろに入《はい》ると、からだがかゆくなるのはなぜ？

寒《さむ》くてからだがひえているとき、あついおふろに入《はい》って温《あたた》まると気《き》持《も》ちがいいですね。でも、入《はい》っているときに、からだがかゆくなる人《ひと》もいるようです。どうしてなのでしょう。

それは、血《ち》が急《きゅう》によく流《なが》れるようになるからです。

皮《ひ》ふの内側《うちがわ》には、たくさんの血管《けっかん》があり、血《ち》が流《なが》れています。寒《さむ》くて皮《ひ》ふがひえると、皮《ひ》ふの下《した》の血管《けっかん》が、細《ほそ》くなります。血《ち》の流《なが》れるりょうをおさえて、それ以上《いじょう》皮《ひ》ふから熱《ねつ》がにげないようにするのです。

このようなとき、あついおふろに入《はい》ると、皮《ひ》ふに近《ちか》いほうから急《きゅう》に血管《けっかん》が広《ひろ》がりはじめます。そして、広《ひろ》がったところからじゅんに、血《ち》がどんどん流《なが》れるようになります。これがしげきになって、皮《ひ》ふにかゆみをもたらします。

しもやけになったことのある人《ひと》は、

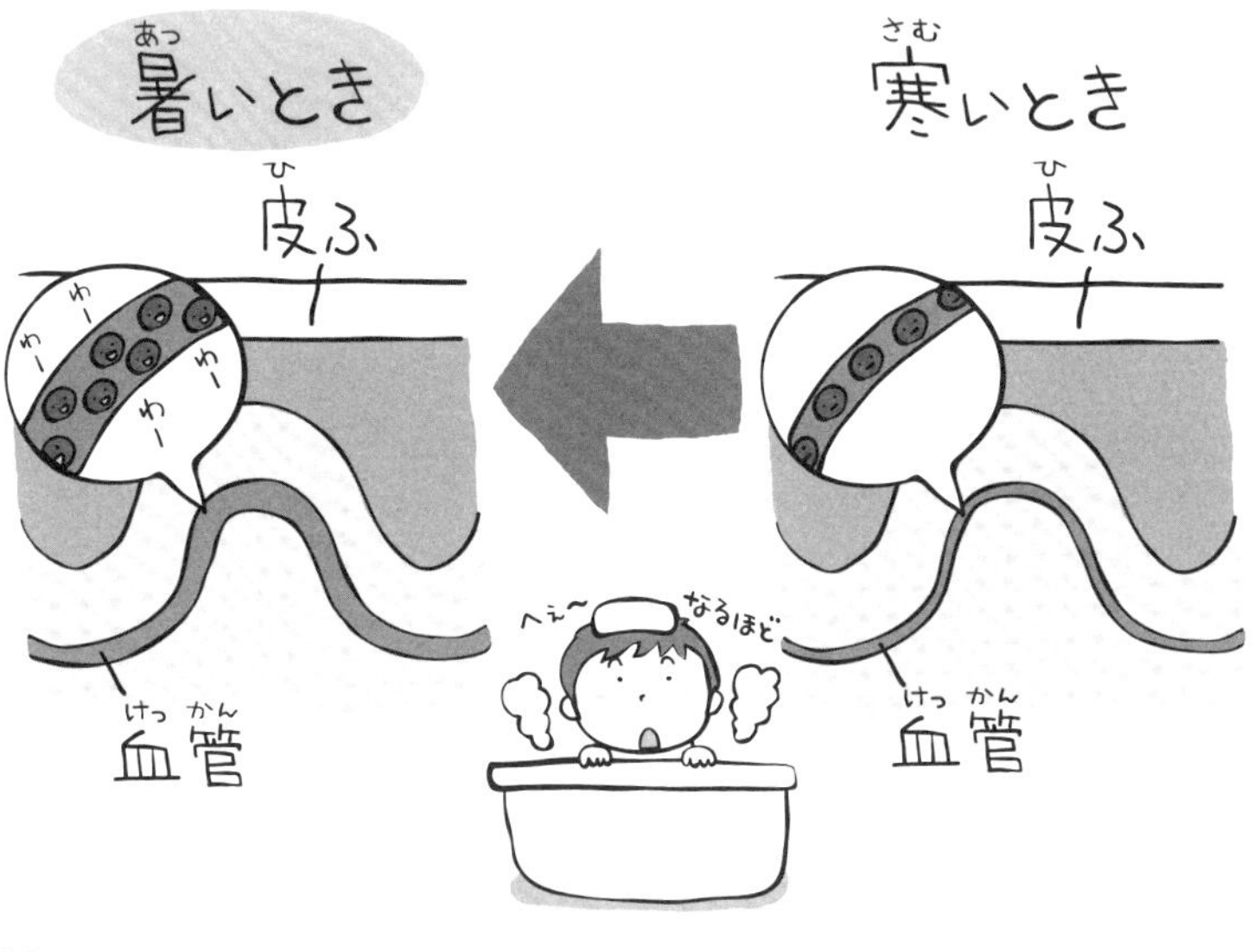

温《あたた》まったとき、しもやけがかゆくなりませんでしたか。それと同《おな》じです。かゆいからといって、力《ちから》を入《い》れてかくと皮《ひ》ふをきずつけることがあります。かゆくなる人《ひと》は、あついおふろに入《はい》る前《まえ》に、少《すこ》しぬるいお湯《ゆ》をかけて、からだをならすとよいでしょう。

また、冬《ふゆ》、温《あたた》かいおふろでからだをあらったあと、部屋《へや》へ出《で》てきてから、からだがかゆくなる人《ひと》もいるよ

うです。これは、血《ち》の流《なが》れ方《かた》とは関係《かんけい》なく、皮《ひ》ふがかんそうしたためと考《かんが》えられます。

ナイロンのタオルなどに石《せっ》けんをつけて、強《つよ》くあらうと、皮《ひ》ふの油分《ゆぶん》が取《と》りさられたうえ、細《こま》かいきずがつくことがあります。そのようなとき、皮《ひ》ふがかわくと、しげきを受《う》けやすくなり、かゆくなるのです。

冬《ふゆ》はあせをかきにくく、かんそうしやすいので、皮《ひ》ふがかさかさになります。あらうとき、あまり強《つよ》くこすらないようにしたり、おふろから出《で》たあと、かゆいところに、しめり気《け》をあたえるクリームをぬったり、皮《ひ》ふをほごする、なんこうをぬったりすると、よいでしょう。

歯《は》みがきは、いつから始《はじ》まったの？

薬屋《くすりや》さんやスーパーでは、いろいろな歯《は》ブラシや歯《は》みがき剤《ざい》が売《う》られています。では、昔《むかし》の人《ひと》は、どんなふうに歯《は》をみがいていたのでしょう。歯《は》みがきは、いつごろから始《はじ》まったのでしょう。

エジプトのピラミッドを知《し》っていますか。今《いま》から五千年《せんねん》ほど前《まえ》につくられはじめたものですが、この時代《じだい》に、もう歯《は》みがきはあったようです。ただ、今《いま》のような歯《は》ブラシや歯《は》みがき剤《ざい》はなく、使《つか》っていたのは木《き》のえだでした。はしっこをくちゃくちゃにかみつぶし、それを使《つか》って歯《は》をこすりました。

インドでも、木《き》のえだを使《つか》った同《おな》じようなものがあり、「歯木《しぼく》」とよばれていました。仏教《ぶっきょう》を開《ひら》いたおしゃか様《さま》が、今《いま》から二千《せん》五百《ひゃく》年《ねん》ほど前《まえ》に、歯木《しぼく》を広《ひろ》めたといわれています。とくにニームという木《き》は、細菌《さいきん》をころす力《ちから》があるとされ、よく使《つか》われたようです。

日本では、千《せん》五百年《ひゃくねん》くらい前《まえ》に、歯木《しぼく》が使《つか》われた記録《きろく》があります。「ようじ」とよばれましたが、今《いま》のつまようじよりも大《おお》きなもので

約《やく》5000年前《ねんまえ》のエジプトの歯《は》みがき

した。ようじは、今《いま》から約《やく》三百年前《ひゃくねんまえ》、江戸時代《えどじだい》にいっぱんの人《ひと》たちに広《ひろ》まりました。

今《いま》から百《ひゃく》五十年《ねん》ほど前《まえ》の明《めい》治時代《じじだい》には、クジラのひげに馬《うま》の毛《け》をたばねてつけたものができ、今《いま》とにたような形《かたち》になりました。歯《は》ブラシという名前《なまえ》でよばれるようになったのは、今《いま》から百年《ひゃくねん》くらい前《まえ》です。

歯《は》みがき剤《ざい》も、昔《むかし》からありました。古代《こだい》エジプトでは、その作《つく》り方《かた》が書《か》かれた紙《かみ》がのこっています。ヨーロッパでも、動物《どうぶつ》のほねや

約《やく》300年前《ねんまえ》の江戸時代《えどじだい》の歯《は》みがき

たまごのからを使《つか》ったり、はちみつや酢《す》を使《つか》ったりした記録《きろく》がのこっているので、おそらく世界《せかい》のあちこちで、歯《は》みがき剤《ざい》は工夫《くふう》されていたと考《かんが》えられます。

中国《ちゅうごく》や日本で、歯木《しぼく》につけていたのは、はじめのころは、しおでした。日本では、ようじが流行《りゅうこう》した約《やく》三百年前《びゃくねんまえ》に、歯《は》みがき剤《ざい》もよく売《う》られるようになりました。

昔《むかし》は、今《いま》のように医学《いがく》が発達《はったつ》していませんでしたから、虫歯《むしば》や、歯《は》ぐきの病気《びょうき》になるとたいへんでした。悪《わる》い歯《は》は、ぬくしかなく、そうなると食《た》べることもできませんでした。ですから、昔《むかし》の人《ひと》も、歯《は》を大切《たいせつ》にしていたのでしょう。

病気《びょうき》のとき、熱《ねつ》が出《で》るのはなぜ？

かぜや、インフルエンザなどの病気《びょうき》にかかると、鼻水《はなみず》が出《で》たり、せきが出《で》たりします。そして、熱《ねつ》が出《で》ることもあります。すると、からだがだるく、苦《くる》しくなりますね。なぜ、熱《ねつ》は出《で》るのでしょう。それは、からだを、病気《びょうき》のもととたたかいやすくするためです。わたしたちの身《み》の回《まわ》りには病気《びょうき》のもとがたくさんいます。目《め》には

見《み》えないほど小《ちい》さい「細菌《さいきん》」や「ウイルス」です。これらを病原体《びょうげんたい》といいますが、鼻《はな》や口《くち》からいつもからだの中《なか》に入《はい》ってきています。しかし、血《ち》の中《なか》にある「白血球《はっけっきゅう》」は、病原体《びょうげんたい》を見《み》つけると、すぐに食《た》べてしまいます。そのため、かんたんには病気《びょうき》になりません。

しかし、からだがつかれていたり、えいようのバランスが悪《わる》かったりすると、白血球《はっけっきゅう》の活動《かつどう》がにぶります。すると、からだの中《なか》で病原体《びょうげんたい》がふえて、白血球《はっけっきゅう》が食《た》べる速《はや》さが追《お》いつかなくなってしまいます。そうなると、病原体《びょうげんたい》はどんどんふえて、からだに悪《わる》さをするようになります。これが「病気《びょうき》」のおもな原《げん》いんです。

脳《のう》の中《なか》には、体温《たいおん》を調節《ちょうせつ》している場所《ばしょ》があります。病原体《びょうげんたい》がふえると、白血球《はっけっきゅう》から、おうえんをたのむための信号《しんごう》が送《おく》られます。この信号《しんごう》がとどくと、体温《たいおん》が上《あ》がるようになっています。これが「熱《ねつ》が出《で》る」ということです。

まわりの温度《おんど》が高《たか》いと、病原体《びょうげんたい》はふえにくくなり、ぎゃくに白血《はっけっ》球《きゅう》の動《うご》きは活発《かっぱつ》になるのです。ですから、熱《ねつ》が出《で》ることは、悪《わる》いことではありません。熱《ねつ》が出《で》たほうが、病気《びょうき》がなおりやすくなるともいえます。熱《ねつ》が出《で》たときは、ゆっくりからだを休《やす》めて、白血球《はっけっきゅう》にがんばってもらうようにしましょう。病原体《びょうげんたい》がいなくなれば、熱《ねつ》は自《し》然《ぜん》に下《さ》がります。

しかし、熱《ねつ》が出《で》ると食《しょく》よくがなくなることも事実《じじつ》です。食《た》べ物《もの》を消化《しょうか》するはたらきは、三十六〜三十七度《ど》くらいが一番《いちばん》よいからです。三十七度《ど》をこえると、消化《しょうか》のはたらきが悪《わる》くなるのです。

白血球《はっけっきゅう》を活発《かっぱつ》にするには、えいようをとることも大切《たいせつ》です。そこで、熱《ねつ》が高《たか》いとき、熱《ねつ》を下《さ》げる薬《くすり》を飲《の》むことがあります。熱《ねつ》が下《さ》がれば楽《らく》になり、食《しょく》よくも出《で》るからです。

知《し》ってびっくり!!

からだの「これ」って、なんの役目《やくめ》?

からだには、いろいろな部分《ぶぶん》があり、それぞれに役目《やくめ》があります。

なかには、こんな役目《やくめ》があったのかという、意外《いがい》な役目《やくめ》を持《も》つものがあります。

まつ毛《げ》、まゆ毛《げ》

どちらも目《め》の近《ちか》くにある毛《け》です。目《め》のふちに生《は》えている毛《け》が「まつ毛《げ》」。目《め》にごみやほこりが入《はい》るのを、ふせぎます。

目《め》とひたいの間《あいだ》の毛《け》は、「まゆ毛《げ》」。おでこから流《なが》れてくるあせが、そのまま目《め》に流《なが》れこむのを、ふせぎます。

つめ

指先《ゆびさき》をささえる役目《やくめ》があります。もし手《て》に「つめ」がなければ、指先《ゆびさき》は、ふにゃふにゃです。指先《ゆびさき》に力《ちから》が入《はい》らず、手《て》で物《もの》をしっかりつまむことはできないでしょう。

足《あし》のつめも大切《たいせつ》です。もしなかったら、歩《ある》いたり走《はし》ったりできなくなってしまうことも、あります。足《あし》をふみだすとき、からだを足先《あしさき》でうまくささえられません。指《ゆび》がくにゃっと曲《ま》がり、前《まえ》のめりに転《ころ》んでしまうでしょう。つま先立《さきだ》ちもできません。

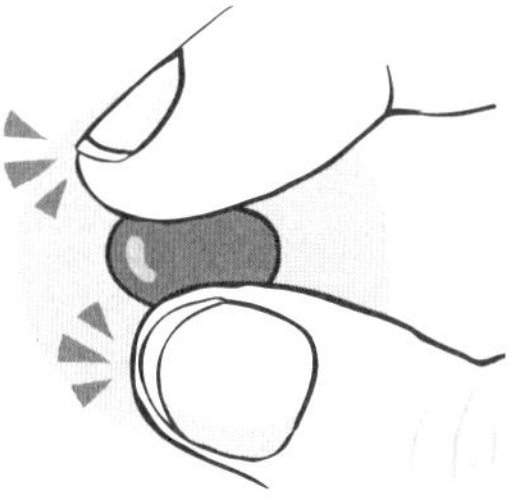

指《し》もん

指先《ゆびさき》の細《こま》かいしまもようを、「指《し》もん」といいます。役目《やくめ》は、すべりどめです。指《し》もんのない、すべすべの指先《ゆびさき》だったら、物《もの》がつかみにくくなります。サルにも指《し》もんがあります。サルの指《し》もんも、木登《きのぼ》りに役《やく》立《だ》っています。

顔《かお》や声《こえ》が、人《ひと》によってちがうように、指《し》もんも、一人《ひとり》ひとり全《ぜん》部《ぶ》ちがいます。もし指《ゆび》先《さき》をすりむいたとしても、また同《おな》じ指《し》もんが出《で》てきます。

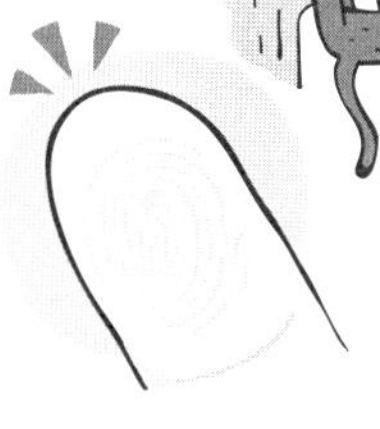

鼻毛《はなげ》

あまり気《き》がつかない人《ひと》もいるかもしれませんが、だれの鼻《はな》のあなにも、鼻毛《はなげ》が生《は》えています。役目《やくめ》は、ちゃんとあります。鼻《はな》から空気《くうき》をすいこむとき、小《ちい》さなごみやほこりは、鼻毛《はなげ》に引《ひ》っかかるようになっています。鼻毛《はなげ》がなかったなら、ごみやほこりが、鼻《はな》からのどを通《とお》って、からだの中《なか》へ入《はい》りやすくなってしまうでしょう。

ちりやほこりが、鼻《はな》水《みず》でかたまったものが鼻《はな》くそです。

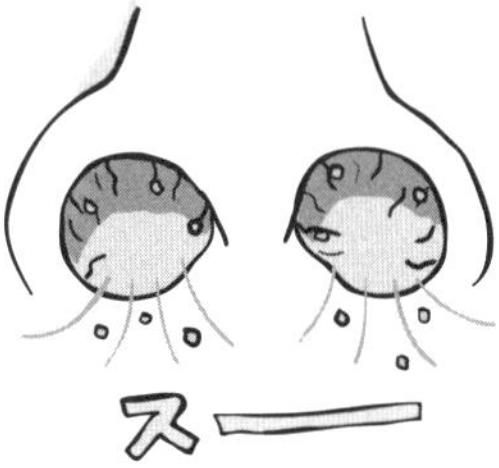

のどちんこ

「のどちんこ」とよばれますが、ほんとうは「口蓋垂《こうがいすい》」という名前《なまえ》です。したのつけ根《ね》の真上《まうえ》に、たれさがっています。

実《じつ》は、役目《やくめ》はわかっていません。飲《の》みこもうとしたものが、鼻《はな》のほうへいくのを、ふせいでいるとも考《かんが》えられますが、そうではないというせつもあります。

ねているとき、息《いき》の通《とお》り道《みち》をじゃまするとがあり、それがいびきの理由《りゆう》にもなっています。

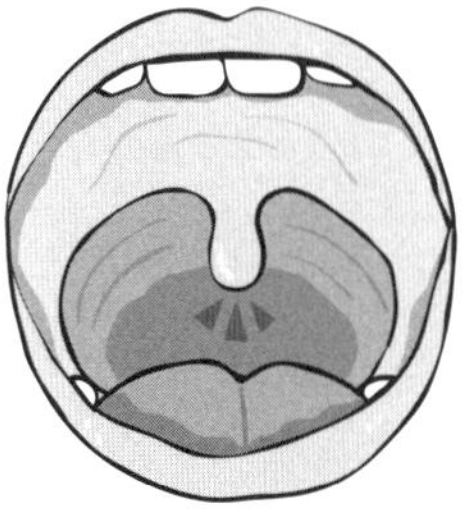

文・入澤宣幸　絵・森のくじら　知ってびっくり！マーク・森 佳世

まち・社会《しゃかい》の、なぜ？ どうして？

文・高橋みか

絵・森 佳世

横断《おうだん》歩《ほ》道《どう》は、どうして、しましまなの？

横断《おうだん》歩《ほ》道《どう》は、車《くるま》がたくさん通《とお》るところで、歩《ほ》行者《こうしゃ》や自《じ》転車《てんしゃ》が安全《あんぜん》に道路《どうろ》をわたるために、ひつようなものです。

そのため、車《くるま》と歩《ほ》行者《こうしゃ》の両方《りょうほう》から、よく見《み》えなくてはいけません。

そこで、黒《くろ》っぽい道路《どうろ》でよく目《め》立《だ》つよう、白《しろ》のしまもようになりました。

でも、はじめから、今《いま》のようなもようだったわけではありません。日本ではじめての横断歩道《おうだんほどう》は、一九二〇年《ねん》に、東京を走《はし》る路面電《ろめんでん》車《しゃ》の線路《せんろ》を、横切《よこぎ》るためにつくられたもので、平行《へいこう》な二本《ほん》の白線《はくせん》が引《ひ》かれていただけでした。

その後《ご》、一九六〇年《ねん》になって、ほうりつで決《き》められた横断歩道《おうだんほどう》は、平行《へいこう》な二本《ほん》の白線《はくせん》だけのものと、真《ま》ん中《なか》でたがいちがいになっているしましまがかかれたものとになりました。今《いま》ではどちらも見《み》かけないですね。

さらに、一九六五年《ねん》には、はしご形《がた》にへんこうされました。

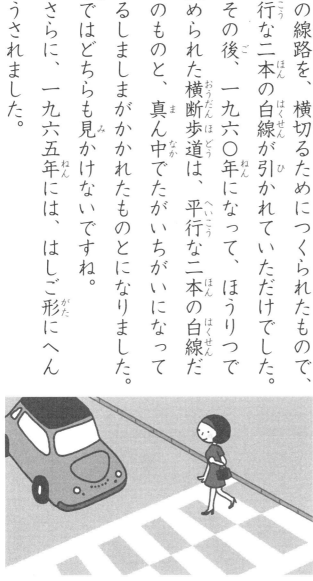

そして、一九九二年《ねん》に決《き》められた今《いま》のもようは、はしご形《がた》の両側《りょうがわ》の、たての白線《はくせん》をとったものです。横《よこ》の白線《はくせん》だけがならんでいるものようになったのですね。

世界《せかい》の横断歩道《おうだんほどう》は、ほとんどが横《よこ》の白線《はくせん》だけのもようです。はしご形《がた》からげんざいのようなもようにかえたのは、ほかの国《くに》ぐにの横断歩道《おうだんほどう》に合《あ》わせたためなのです。

ほかにも理由《りゆう》があります。たての白線《はくせん》と、横《よこ》の白線《はくせん》がかかれているところは、道路《どうろ》を白《しろ》くぬっているため、ぬっていないところよりも、わずかですが、もりあがっています。す

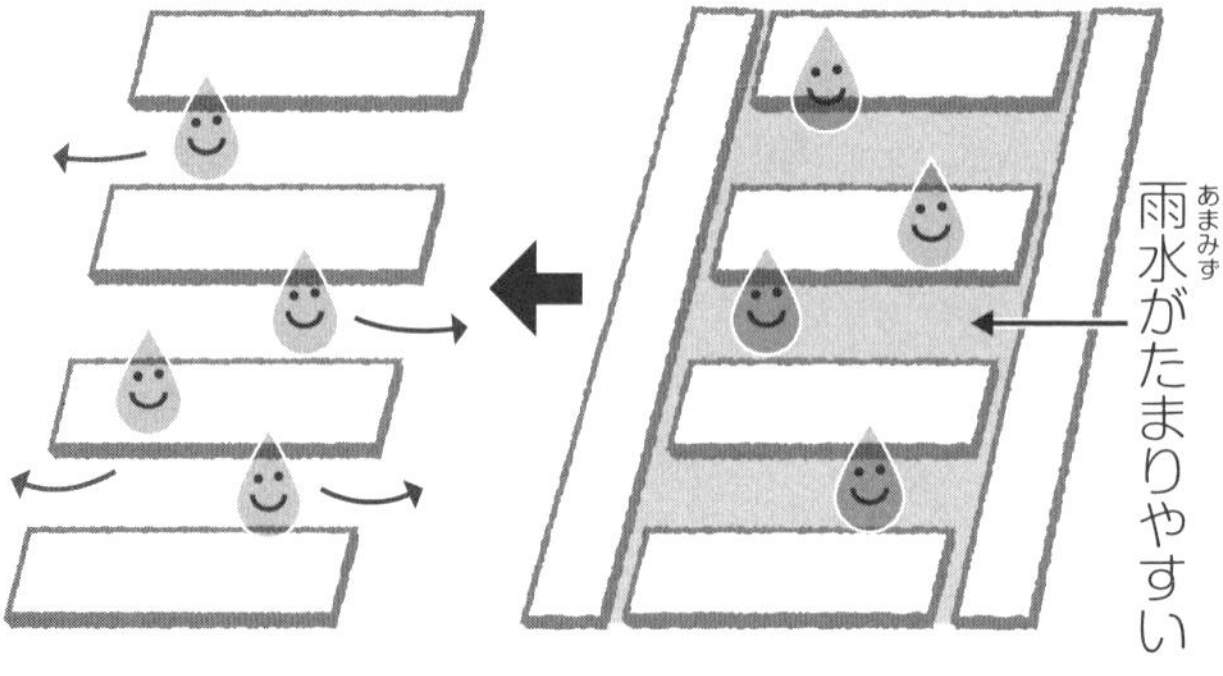

ると、ぬっていないところに雨水《あまみず》がたまりやすくなり、それが車《くるま》のスリップをまねくきけんがあったのです。また、たての白線《はくせん》をぬる分《ぶん》の、とりょうをせつやくするため、ぬらないようにしたという話《はなし》もあります。

横断歩道《おうだんほどう》のしましまは、きかいを使《つか》い、横断歩道用《おうだんほどうよう》のとくべつな、とりょうをぬって、かいています。

このとりょうの中《なか》に細《こま》かいガラスのつぶを入《い》れ、車《くるま》のライトに反《はん》しゃさせることで、夜《よる》でも目立《めだ》つようにしています。

刑事《けいじ》と警察官《けいさつかん》は、何《なに》がちがうの？

まちの交番《こうばん》で見《み》かけるおまわりさんが「警察官《けいさつかん》」で、テレビドラマなどで見《み》かけるふだん着《ぎ》の上《うえ》にコートを着《き》た人《ひと》が「刑事《けいじ》」だと、思《おも》っていませんか。実《じつ》は、刑事《けいじ》も、交番《こうばん》にいるおまわりさんも、同《おな》じ警察官《けいさつかん》なのです。

刑事《けいじ》とは、犯罪《はんざい》のそうさや犯人《はんにん》のたいほなどの仕事《しごと》をする警察官《けいさつかん》のよび名《な》です。

警察官《けいさつかん》とは、国《くに》や地《ち》いきの安全《あんぜん》を守《まも》るため、警察《けいさつ》やそれに関係《かんけい》するきかんで、はたらく人《ひと》のことです。国《くに》や都道府県《とどうふけん》ごとに行《おこな》われるしけんに合格《ごうかく》しないと、警察官《けいさつかん》にはなれません。

警察官《けいさつかん》は、しけんに合格《ごうかく》しても、すぐに現場《げんば》ではたらけるわけではありません。まずは、警察学校《けいさつがっこう》というところに入学《にゅうがく》して、ほうりつを勉強《べんきょう》したり、剣道《けんどう》や柔道《じゅうどう》でからだをきたえたりして、警察官《けいさつかん》としてふさわしいちしきや体力《たいりょく》をつけるため

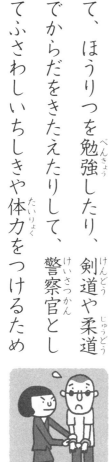

の訓練《くんれん》をします。

警察学校《けいさつがっこう》を卒業《そつぎょう》したら、ふつうは交番《こうばん》ではたらくことになります。そこでさまざまなけいけんをつみながら、本人《ほんにん》のきぼうや、どのような仕事《しごと》が向《む》いているかなどによって、せんもんてきな部《ぶ》しょにうつることができます。白《しろ》バイ隊員《たいいん》になる人《ひと》もいれば、刑事《けいじ》になる人《ひと》もいます。

刑事《けいじ》には、殺人事件《さつじんじけん》をたん当《とう》する人《ひと》もいれば、空《あ》き巣《す》やひったくりなどの強盗事件《ごうとうじけん》をたん当《とう》する人《ひと》もいます。人《ひと》をだましてお金《かね》を取《と》るような事件《じけん》のたん当《とう》になる人《ひと》もいます。

はんざいが起《お》こったというじょうほうが入《はい》ると、すぐに現場《げんば》にかけつけてくわしく調《しら》べたり、近《ちか》くにいた人《ひと》に話《はなし》を聞《き》いたりするのは、テレビドラマだけでなく、実際《じっさい》の刑事《けいじ》も行《おこな》っている仕事《しごと》です。

しかし、刑事《けいじ》の仕事《しごと》は、犯人《はんにん》をつかまえたら終《お》わりというわけではありません。くわしい取《と》りしらべをして、のちのちのために記録《きろく》にのこしておくのも大切《たいせつ》な仕《し》事《ごと》の一つです。

東京《とうきょう》スカイツリーの高《たか》さは、どうして六百《ぴゃく》三十四メートルなの？

*東京《とうきょう》スカイツリーは、高《たか》さが六百《ぴゃく》三十四メートルの自立式電波《じりつしきでんぱ》とうです。電波《でんぱ》とうとは、「電波《でんぱ》を送《おく》るせつびをそなえた」とうのことです。みなさんがテレビを見《み》ることができるのは、電波《でんぱ》とうが放《ほう》送局《そうきょく》からの電波《でんぱ》を家《いえ》まで送《おく》っているからなのです。

これまで、東京《とうきょう》やその近《ちか》くに住《す》んでいる人《ひと》たちは、東京《とうきょう》タワーから送《おく》られる電波《でんぱ》を受信《じゅしん》して、テレビを見《み》ていました。

でも、東京《とうきょう》の都心部《としんぶ》では、次《つぎ》から次《つぎ》へと高《たか》いビルがたてられてしまったため、高《たか》さ三百《びゃく》三十三メートルの東京《とうきょう》タワーでは、電波《でんぱ》をすみずみまで送《おく》るのが、むずかしくなる可能性《かのうせい》が出《で》てきました。

それで、東京《とうきょう》スカイツリーがけんせつされることになりました。

ただ、その高《たか》さは、どうして六百《ぴゃく》三十四メートルなのでしょう。

中国《ちゅうごく》には、広州《こうしゅう》タワーという、電波《でんぱ》とう・がありました。高《たか》さが六百《ぴゃく》メートルの、自立式電波《じりつしきでんぱ》とう・です。

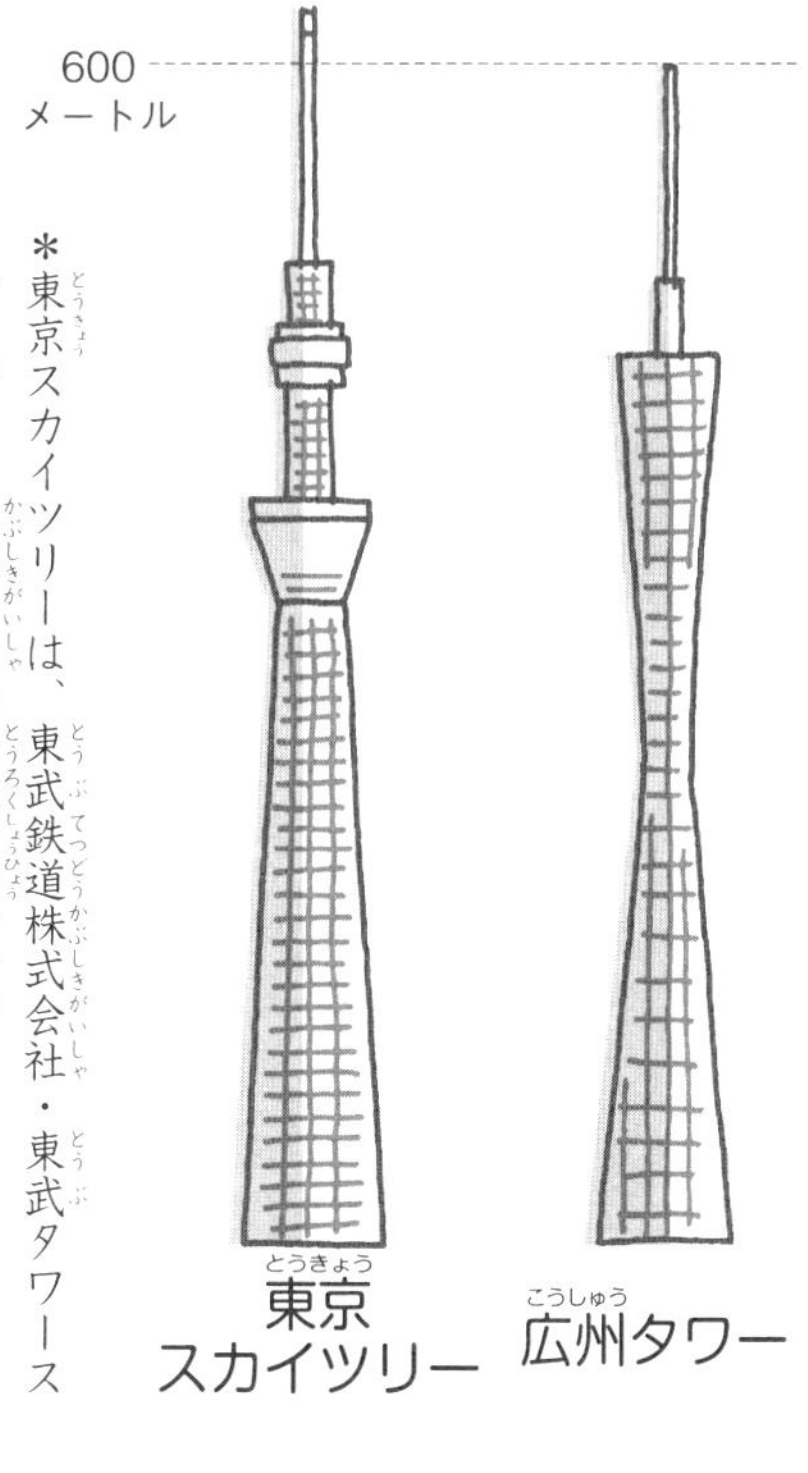

＊東京《とうきょう》スカイツリーは、東武鉄道株式会社《とうぶてつどうかぶしきがいしゃ》・東武《とうぶ》タワースカイツリー株式会社《かぶしきがいしゃ》の登録商標《とうろくしょうひょう》です。

東京《とうきょう》スカイツリーをつくるとき、この広州《こうしゅう》タワーよりも高《たか》い、世《せ》界一《かいいち》の自立式電波《じりつしきでんぱ》とうを目指《めざ》そうということになりました。

今《いま》、スカイツリーが立《た》っている場所《ばしょ》は、昔《むかし》「武蔵国《むさしのくに》」とよばれた地《ち》いきです。六百《ぴゃく》三十四という数字《すうじ》は、この「むさし」という言葉《ことば》にちなんで決《き》められました。

世界《せかい》一高《たか》い自立式電波《じりつしきでんぱ》とうとして、世界中《せかいじゅう》の注目《ちゅうもく》を集《あつ》めつつ、昔《むかし》ながらの日本のよさ、江戸《えど》のれきしなどもつたえていく場《ば》にしたいということで六百《ぴゃく》三十四メートルになったのです。

「６３４《むさし》」とおぼえておけば、いつでも何《なん》メートルか、すぐに思《おも》いだせますね。

神社《じんじゃ》とお寺《てら》は、どうちがうの？

お寺《てら》に、おはかまいりに行《い》ったり、お正月《しょうがつ》、神社《じんじゃ》に、はつもうでに行《い》ったりしたことはありますか。

どちらも手《て》を合《あ》わせておがむところは同《おな》じですが、神社《じんじゃ》とお寺《てら》のちがいはなんでしょう。

神社《じんじゃ》は、神様《かみさま》をまつるところで、日本で生《う》まれたものです。

はじめは、お祭《まつ》りのときに、神様《かみさま》におそなえする物《もの》をおく、祭《さい》だんを作《つく》っていました。やがて、この祭《さい》だんを、お祭《まつ》りのときだけでなく、いつも用意《ようい》しておこうということになったのです。これが神《じん》社《じゃ》の始《はじ》まりだといわれています。

神社《じんじゃ》の入《い》り口《ぐち》には、たいてい鳥居《とりい》があります。鳥居《とりい》は、神様《かみさま》がいる場所《ばしょ》と、人間《にんげん》が住《す》む場所《ばしょ》を区別《くべつ》する役《やく》目《め》を持《も》っています。

お寺《てら》は、仏様《ほとけさま》をまつるところです。また、おぼうさんなどが住《す》み、仏教《ぶっきょう》の教《おし》えを広《ひろ》める場所《ばしょ》でもあります。

仏教《ぶっきょう》は、もともとはインドや中国《ちゅうごく》からつたわってきたもので、日本で生《う》まれたものではありません。でも、日本につたわってきてから は、日本人《じん》の生活《せいかつ》に合《あ》わせて形《かたち》をかえつつ、広《ひろ》まっていきました。お寺《てら》には、ふつう山門《さんもん》などの門《もん》があります。これも、鳥居《とりい》と同《おな》じように、仏様《ほとけさま》がいる場所《ばしょ》と人間《にんげん》が住《す》む場所《ばしょ》を区別《くべつ》しています。

おがみ方《かた》はどうでしょう。

神社《じんじゃ》では、拝殿《はいでん》でおがみます。ご神体《しんたい》は、拝殿《はいでん》よりももっとおくにある本殿《ほんでん》にありますが、ふつう、本殿《ほんでん》に入《はい》ることはできず、拝殿《はいでん》からおがみます。二はい二はく手一《しゅ》はいといって、二回《かい》おじぎをしたあと、パンパンと二回手《かいて》をたたいていのり、最後《さいご》にもう一度《ど》おじぎをするのが、正《ただ》しいおがみ方《かた》です。

お寺《てら》では、仏様《ほとけさま》をかたどった仏像《ぶつぞう》（ご本尊《ほんぞん》）がある本堂《ほんどう》でおがみます。神社《じんじゃ》とちがって、手《て》はたたかずに、手《て》を合《あ》わせておがみます。

じゅずという、玉《たま》がつらなったものを手《て》にかけておがむこともあります。じゅずの玉《たま》の数《かず》は百八《ひゃく》こが基本《きほん》ですが、もっと少《すく》ないものもあります。

このように、神社《じんじゃ》とお寺《てら》は、にているところもありますが、ちがっているところも多《おお》いのです。

消防車《しょうぼうしゃ》が使《つか》う水《みず》は、どこから持《も》ってくるの？

火事《かじ》のとき、真《ま》っ先《さき》に出動《しゅつどう》するのは、ポンプ車《しゃ》とよばれる消防車《しょうぼうしゃ》です。水《みず》をすいあげるポンプや、火事現場《かじげんば》の近《ちか》くまで水《みず》を送《おく》ったり、火《ひ》に向《む》かって放水《ほうすい》したりするためのホースをつんでいます。

ポンプ車《しゃ》の中《なか》には、水《みず》の入《はい》ったタンクをつんでいるものもありますが、タンクをつんでいない車《くるま》のほうが多《おお》いです。そういう車《くるま》は、どこから水《みず》を持《も》ってきて、放水《ほうすい》しているのでしょうか。

出動《しゅつどう》したポンプ車《しゃ》は、なるべく火事《かじ》の現場《げんば》に近《ちか》いところで、水《みず》を取《と》りだせる場所《ばしょ》に止《と》めます。水《みず》を取《と》りだせるところに、ポンプ車《しゃ》のホースをつなぎ、ポンプで圧力《あつりょく》を高《たか》めて火《ひ》に向《む》かって放水《ほうすい》します。

水《みず》を取《と》りだせるところは、実《じつ》は、まちのあちこちにあります。消火《しょうか》せんもその一つです。消火《しょうか》せんは、地上《ちじょう》に出《で》ているものと、マンホールの中《なか》など、地下《ちか》におさめられているものがあります。

道路《どうろ》の下《した》には、みなさんの家《いえ》で使《つか》う

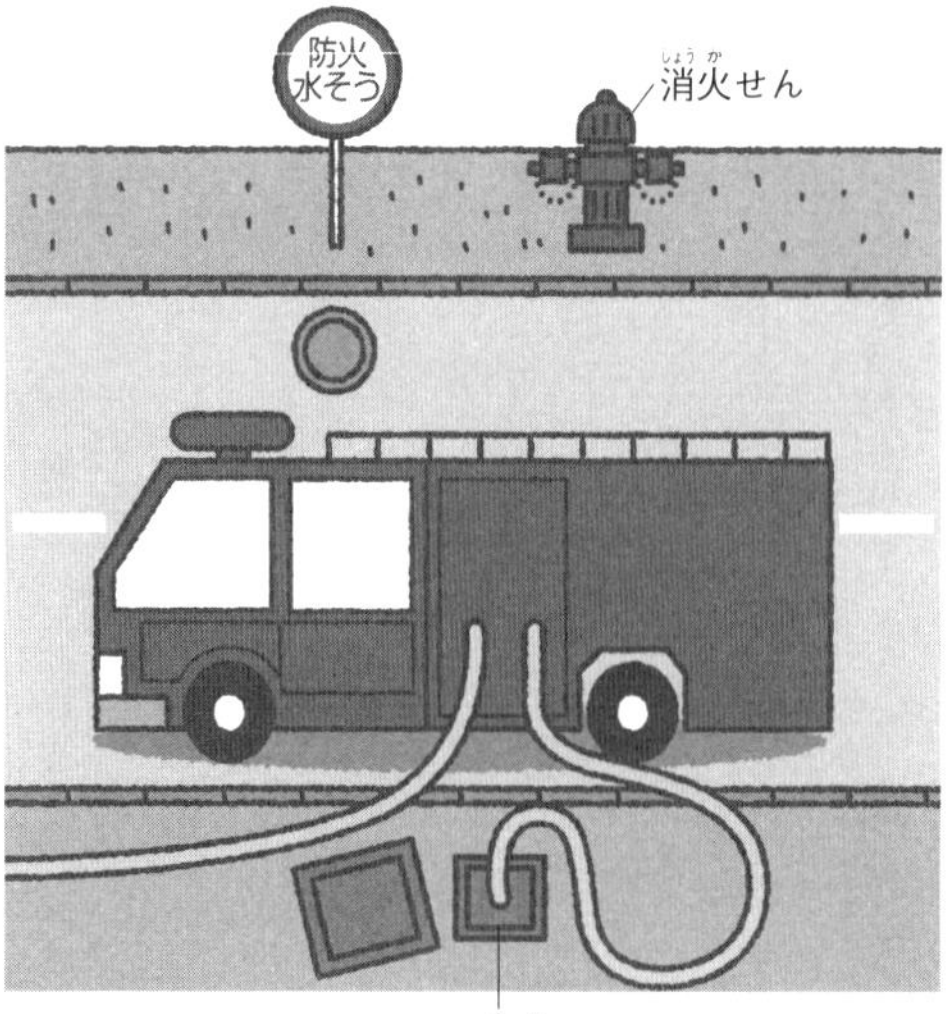

水《みず》を運《はこ》ぶ、水道管《すいどうかん》があります。その水道管《すいどうかん》にそって、消火《しょうか》せんをつくっておくことで、火事《かじ》があったときに、消防車《しょうぼうしゃ》が大量《たいりょう》の水《みず》を使《つか》うことができるのです。

消火《しょうか》せんのほかにも、防火水《ぼうかすい》そうというものがあります。これは、地下《ちか》にコンクリートで大《おお》きな箱《はこ》をつくり、そこに水《みず》をためたものです。

また、学校《がっこう》のプールの水《みず》も使《つか》います。学校《がっこう》のプールには、消防車《しょうぼうしゃ》が水《みず》をすいあげるときに使《つか》う、採水口《さいすいこう》がついています。冬《ふゆ》でもプールの水《みず》をぬかないのは、近《ちか》くで火事《かじ》があったときに、消防車《しょうぼうしゃ》が使《つか》うためでもあるのです。

しかし、火事《かじ》の現場《げんば》が、消火《しょうか》せんや防火水《ぼうかすい》そう、学校《がっこう》のプールからはなれていることもあります。

そういう場合《ばあい》は、何台《なんだい》ものポンプ車《しゃ》をホースでつないで水《みず》を送《おく》ったり、たくさんの水《みず》が入《はい》った水《すい》そう車《しゃ》を出動《しゅつどう》させたりします。

また、「送水車《そうすいしゃ》」と、「ホースえん長車《ちょうしゃ》」とよばれる消防車《しょうぼうしゃ》を使《つか》うこともあります。この二台《だい》は、ペアになって活《かつ》やくします。送水車《そうすいしゃ》は、海《うみ》や川《かわ》などから水《みず》をすいあげ、ホースえん長車《ちょうしゃ》が火事《かじ》の現場近《げんばちか》くまでホースをのばし、たくさんの水《みず》を火《ひ》に放水《ほうすい》することができるのです。

一人《ひとり》の人間《にんげん》が、一年間《ねんかん》に どれくらいの紙《かみ》を使《つか》うの？

あなたは毎日《まいにち》、起《お》きてからねるまでの間《あいだ》、どのくらいのりょうの紙《かみ》を使《つか》っていますか。

まず、朝起《あさお》きると、トイレに行《い》きますね。トイレでは、トイレットペーパーを使《つか》います。鼻水《はなみず》が出《で》て、ティッシュペーパーで鼻《はな》をかむ人《ひと》もいるでしょう。これらの紙《かみ》は、毎日《まいにち》かならず使《つか》いますね。し

かも、一日《にち》に何回《なんかい》も使《つか》います。

わたしたちの生活《せいかつ》の中《なか》には、紙《かみ》でできたものがたくさんあります。牛乳《ぎゅうにゅう》パックやおかしの箱《はこ》、新聞紙《しんぶんし》やノート、だんボールなど、これらは全部《ぜんぶ》、紙《かみ》でできています。

では、いったい、わたしたちは一年《ねん》間《かん》に、どれくらいのりょうの紙《かみ》を使《つか》っているのでしょうか。

二〇一七年《ねん》の調査《ちょうさ》では、日本全国《ぜんこく》で一年間《ねんかん》に約《やく》二千《せん》六百《ぴゃく》四十万《まん》トンの紙《かみ》が使《つか》われたことがわかりました。人口《じんこう》でわると、一人《ひとり》一年間《ねんかん》に約《やく》二百《ひゃく》九キログ

※ノート1さつを120グラムとして計算《けいさん》しています。

ラムの紙《かみ》を使《つか》ったことになります。これは、紙《かみ》でできたすべてのものをふくみますが、かりにノートのさっ数《すう》で表《あらわ》すと、一人《ひとり》が一日《にち》で約《やく》四・七さつ分《ぶん》の紙《かみ》を使《つか》っていることになります。もちろん、学校《がっこう》や家庭《かてい》以外《いがい》でも紙《かみ》をたくさん使《つか》っているところがあるので、全員《ぜんいん》が同《おな》じだけ使《つか》うとはかぎりませんが、一人《ひとり》一日《にち》約《やく》四・七さつ分《ぶん》と考《かんが》えると、日本中《じゅう》で、とてもたくさんの紙《かみ》が使《つか》われていることがわかります。

紙《かみ》は、木《き》を原料《げんりょう》として作《つく》られますが、今《いま》ではしげんを大切《たいせつ》にするため、リサイクルがさかんに行《おこな》われています。今《いま》、日本で使《つか》われている紙《かみ》の六十パーセントは、一度《ど》使《つか》われた紙《かみ》である古紙《こし》を原料《げんりょう》としています。のこりの四十パーセントも、建物《たてもの》などに使《つか》うことができない木材《もくざい》の一部《いちぶ》や、紙《かみ》をつくる会社《かいしゃ》が育《そだ》てた木《き》を利用《りよう》するなどして、できるだけ自然《しぜん》をこわすことがないよう、工夫《くふう》されています。古紙《こし》は大切《たいせつ》なしげんですが、回収《かいしゅう》したときに、さまざまなしゅるいの紙《かみ》がまざっていると、うまくリサイクルすることができません。すてるときには、新聞紙《しんぶんし》やざっし、だんボール、牛乳《ぎゅうにゅう》パックなど、しゅるいごとに、きちんと分《わ》けることが大切《たいせつ》です。

そして、できるだけ紙《かみ》を大切《たいせつ》に使《つか》うようにしましょう。ハンカチやぞうきんですむ場合《ばあい》は、なるべくティッシュペーパーを使《つか》わないようにするといいですね。

しまもようには、いったい、どんなひみつがあるの？

横断歩道《おうだんほどう》だけでなく、わたしたちの身《み》の回《まわ》りには、たくさんのしまもようがありますね。それぞれ、どんな意味《いみ》や由来《ゆらい》があるのでしょうか。しましまにかくされたひみつをさぐってみましょう。

しまもようは、悪魔《あくま》のしるし？

昔《むかし》のヨーロッパでは、しまもようは、悪《あく》魔《ま》を表《あらわ》すもようだったというせつがあります。そのため、悪《わる》いことをしてつかまった人《ひと》などが、横《よこ》のしまの服《ふく》を着《き》せられることがありました。

日本のしまもようのひみつ

日本では、今《いま》から千《せん》二百年《ひゃくねん》以上《いじょう》も前《まえ》の奈《な》良《ら》時代《じだい》から、しまもようが使《つか》われていたといわれています。

いっぱんの人《ひと》たちの間《あいだ》で、しまもようが大流行《だいりゅうこう》したのは、二百年《ひゃくねん》くらい前《まえ》の江戸《えど》時《じ》代《だい》の後半《こうはん》ごろです。ただのたてじまや横《よこ》じまだけでなく、色《いろ》とりどりのしまが入《はい》った着物《きもの》を着《き》るなど、しまをおしゃれなもようとして、楽《たの》しむようになりました。

赤白《あかしろ》のしまのひみつ

入学式《にゅうがくしき》や、卒業式《そつぎょうしき》のときに、赤《あか》と白《しろ》のたてじまの幕《まく》をかざりますね。これは、紅白《こうはく》幕《まく》とよばれていますが、まだら幕《まく》の一種《しゅ》です。まだら幕《まく》とは、二色《しょく》でできた、同《おな》じはばのしまもようの幕《まく》のことをいいます。

紅白《こうはく》は、日本では、「おめでたい」とか、「おいわい」という意《い》味《み》を表《あらわ》します。そのため、入学式《にゅうがくしき》や卒業式《そつぎょうしき》のときにかざるのです。

黒白《くろしろ》のしまのひみつ

まだら幕《まく》には、紅白《こうはく》のほかに黒白幕《くろしろまく》があります。これは、そう式《しき》のときなどにかざられます。黒白幕《くろしろまく》は、くじら幕《まく》ともよばれます。クジラのからだが、おもに黒《くろ》と白《しろ》の二色《しょく》でできているためです。

そう式《しき》に使《つか》われるのは、ほかにも、青《あお》と白《しろ》の幕《まく》や、紫《むらさき》と白《しろ》の幕《まく》などがあります。青《あお》と白《しろ》の幕《まく》は、神様《かみさま》に関係《かんけい》のある行事《ぎょうじ》のときにかざることもあります。

三色旗《さんしょくき》のひみつ

フランスの国旗《こっき》には、青《あお》、白《しろ》、赤《あか》の三色《しょく》が使《つか》われ、「トリコロール」とよばれています。トリコロールとは、「三色《しょく》の」という意味《いみ》のフランス語《ご》です。この三色《しょく》は、自《じ》由《ゆう》、平等《びょうどう》、博愛《はくあい》を表《あらわ》しています。

イタリアは緑《みどり》、白《しろ》、赤《あか》が使《つか》われ、自由《じゆう》、平《びょう》等《どう》、友愛《ゆうあい》を表《あらわ》しています。

ベルギーでは、王家《おうけ》のもん章《しょう》の「黒地《くろじ》に赤《あか》いしたやつめを出《だ》した黄色《きいろ》いライオン」に由来《ゆらい》して黒《くろ》、黄《き》、赤《あか》の国旗《こっき》です。

ストライプとボーダーがらの由来《ゆらい》

たてじまをストライプ、横《よこ》じまをボーダーがらというのは、なぜでしょう。

　ストライプは、しまもようを意味《いみ》する英《えい》語《ご》からきています。ボーダーという英語《えいご》には横《よこ》じまという意味《いみ》はなく、もともとは、ぬののはじや、ふちの部分《ぶぶん》に入《い》れる、横線《よこせん》のようなもようを表《あらわ》していました。このもようをくりかえすと、横《よこ》じまのもようができることから、ボーダーがらというようになったのです。

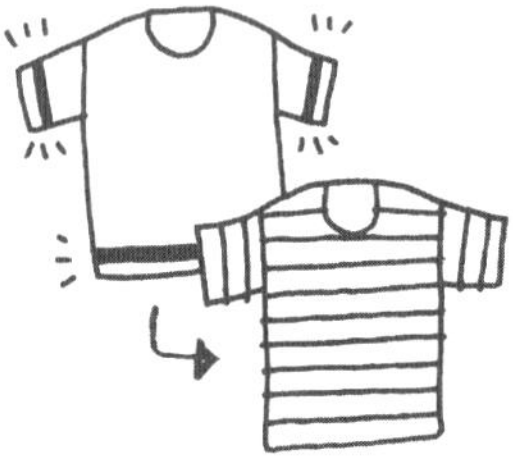

日本どくとくのしまもよう

ストライプやボーダーがらは、線《せん》の太《ふと》さや、線《せん》と線《せん》の間《あいだ》が同《おな》じはばになっているものが多《おお》いですが、昔《むかし》から日本につたわる、しまもようは、ちがっています。

　ぬのをそめるときの手法《しゅほう》を工夫《くふう》して、しまもようの太《ふと》さをかえているのです。

　太《ふと》いたてのしまが、細《ほそ》いたてのしまをはさむようにならんでいるもようは、親《おや》が子《こ》を守《まも》る意味《いみ》を表《あらわ》し、「親子《おやこ》じま」とよばれています。

文・高橋みか　絵／知ってびっくり！マーク・森佳世

スポーツの、なぜ？ どうして？

文・嵯峨苗穂子（138 ～ 141・153 ～ 155 ページ）
鶴川たくじ（142 ～ 152・156 ～ 163 ページ）
絵・丸岡テルジロ

卓球《たっきゅう》のラケットは、どんな大《おお》きさや形《かたち》でもいいの？

みなさんは、卓球《たっきゅう》の試合《しあい》を、テレビなどで見《み》たことがありますか。小《ちい》さなボールを小《ちい》さなラケットですばやく打《う》ちかえす、とてもスピード感《かん》あふれるスポーツですね。

実《じつ》は、卓球《たっきゅう》は、ボールについては、決《き》まったルールがありますが、ラケットの大《おお》きさや形《かたち》には、決《き》まりがありません。

ラケットのざいりょうについては、持《も》ち手《て》をのぞいたラケット面《めん》の八十五パーセント以上《いじょう》が天然《てんねん》の木《き》であること、という決《き》まりがあります。でも、大《おお》きさや形《かたち》については、何《なに》も決《き》まりがないのです。

それなら、小《ちい》さなボールを打《う》ちかえすには、大《おお》きなラケットや、長《なが》いラケットが有利《ゆうり》だと考《かんが》えるかもしれません。でも、そんなラケットを使《つか》う選手《せんしゅ》は見《み》たことがありませんね。なぜでしょう。

卓球台《たっきゅうだい》のまわりをすばやく動《うご》き回《まわ》ることが、勝負《しょうぶ》の決《き》め手《て》になる卓球《たっきゅう》では、大《おお》きすぎたり、長《なが》すぎたりするラケットは、重《おも》くて動《うご》きづらくなり、かえって不利《ふり》になってしまいます。卓球《たっきゅう》は、ラケットの面《めん》にボールを当《あ》てるだけでなく、ラケットを強《つよ》くふることで、より速《はや》いボールを打《う》ちかえすことができます。大《おお》きすぎたり、長《なが》すぎたりするラケットでは、それがむずかしくなるのです。

ラケットの形《かたち》は、にぎり方《かた》のちがいで、おもに二しゅるいあります。あく手《しゅ》するように持《も》つシェークハンドラケットと、ペンをにぎるように持《も》つペンホルダーラケットです。

さらに、その中《なか》にもいろいろな形《かたち》があり、とてもたくさんのしゅるいが、日本や世界《せかい》で行《おこな》われる大会《たいかい》の公《こう》にんラケットとして売《う》られています。

卓球《たっきゅう》の公式試合《こうしきじあい》には、ラケットけんさがあります。でも、けんさでは、大《おお》きさや形《かたち》ではなく、おもに、「ラバー」とよばれるラケットの面《めん》にはられているゴムのような部分《ぶぶん》をチェックします。あつさや光《ひか》り具合《ぐあい》、ラケット面《めん》にくらべて大《おお》きすぎたり小《ちい》さすぎたりしていないか、表面《ひょうめん》はなめらかで平《たい》らか、とくしゅなものがぬられていないかなどです。

また、ラバーの色《いろ》は、表《おもて》とうらをかならず赤《あか》と黒《くろ》の二色《しょく》に分《わ》けるように決《き》められています。ボールをどちらの面《めん》で打《う》ったのか、相手《あいて》にわかるようにするためです。

卓球《たっきゅう》のラケットは、大《おお》きさや形《かたち》に決《き》まりがないものの、ラバーには、とても細《こま》かい決《き》まりがあるのです。

日本人《じん》で、はじめてオリンピックに出《で》た人《ひと》は？

日本がはじめてオリンピックにさんかしたのは、今《いま》から百年《ひゃくねん》以上《いじょう》前《まえ》。一九一二年《ねん》に、北《きた》ヨーロッパの国《くに》、スウェーデンのストックホルムで開《ひら》かれた大会《たいかい》でした。

選手《せんしゅ》は、陸上短《りくじょうたん》きょりの三島弥彦《みしまやひこ》と、マラソンの金栗四三《かなくりしそう》の二人《ふたり》だけ。飛行機《ひこうき》で旅《たび》する時代《じだい》ではなかったので、遠《とお》い遠《とお》いスウェーデンまで、船《ふね》と列車《れっしゃ》を乗《の》りついで、十七日間《にちかん》もかけて行《い》きました。

そのため、長旅《ながたび》のつかれのえいきょうが、試合《しあい》に出《で》てしまいました。

三島選手《みしませんしゅ》は、出場《しゅつじょう》した三種目《しゅもく》のうち、百《ひゃく》メートル走《そう》、二百《ひゃく》メートル走《そう》を予選《よせん》で敗退《はいたい》。四百《ひゃく》メートル走《そう》は準決勝《じゅんけっしょう》にのこりましたが、その後《ご》、つかれを理由《りゆう》にきけんしました。

当時《とうじ》は、約《やく》四十キロメートル*を走《はし》るきょうぎだったマラソン。金栗選手《かなくりせんしゅ》は、三十二キロメートル地点《ちてん》で、日射病《にっしゃびょう》のためにたおれてしまいました。ところが、このとき「きけんする」と係《かかり》の人《ひと》につげないまま、地元《じもと》の人《ひと》の家《いえ》で休《やす》んだので、大《おお》さわぎになりました。「日本のマラソン選手《せんしゅ》がレース中《ちゅう》に行方不明《ゆくえふめい》になった！」と、ニュースにまでなったのです。


*げんざいのマラソンは、四十二・一九五キロメートルです。

そのため、金栗選手《かなくりせんしゅ》はゴールもきけんもしていないという記録《きろく》が、のこってしまいました。

この話《はなし》には、まだつづきがあります。

一九六七年《ねん》、七十五歳《さい》になった金栗四三《かなくりしそう》さんは、ストックホルム市《し》が、オリンピック開《かい》さい五十五周年《しゅうねん》を記念《きねん》して開《ひら》いたお祭《まつ》りにしょう待《たい》されました。そして、マラソンのゴール地点《ちてん》に案内《あんない》され、ゴールのテープを切《き》りました。晴《は》れて、オリンピック・ストックホルム大会《たいかい》のマラソンでゴールしたことが、みとめられたのです。

タイムは、五十四年《ねん》八か月《げつ》六日《か》と、五時間《じかん》三十二分《ふん》二十秒《びょう》三でした。

水泳《すいえい》のクロールで、息《いき》つぎをうまくする方法《ほうほう》は？

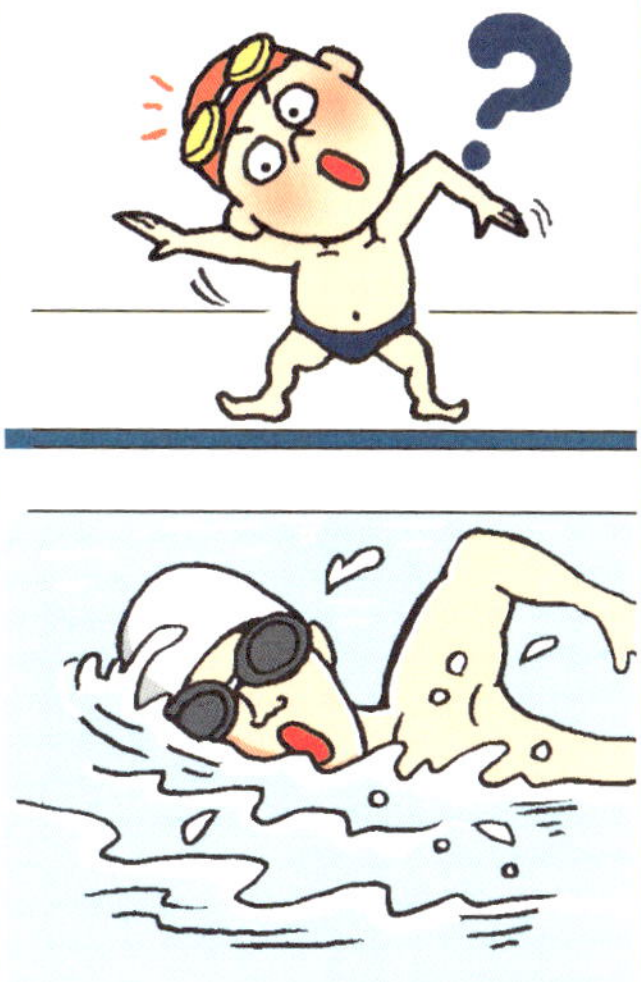

あなたは、水泳《すいえい》がとくいですか、苦手《にがて》ですか。とくいな人《ひと》が泳《およ》ぐすがたを見《み》ると、息《いき》つぎを、いつしたのかと思《おも》うほど、自然《しぜん》な小《ち》さな動《うご》きでしています。ところが、水泳《すいえい》が苦手《にがて》な人《ひと》にとって、息《いき》つぎはむずかしいものです。そんな人《ひと》たちのために、正《ただ》しいクロールの息《いき》つぎのこつをしょ

うかいしましょう。

息《いき》つぎには、三つのポイントがあります。一つ目《め》は、口《くち》の出《だ》し方《かた》です。息《いき》をすうには、口《くち》が水面《すいめん》から出《で》ていなければできません。あなたはどうしていますか。あごを上《あ》げて、前《まえ》に顔《かお》を上《あ》げてはいませんか。

そうすると、かなり首《くび》がつかれます。また、そのしせいのとき、水《みず》をかくうでの動《うご》きが止《と》まってしまいます。息《いき》つぎのたびに、進《すす》むいきおいが弱《よわ》まってしまうのです。

正《ただ》しい口《くち》の出《だ》し方《かた》は、あごを引《ひ》いて、顔《かお》を横《よこ》に向《む》けるだけです。それでじゅうぶん、口《くち》は水面《すいめん》から出《で》ます。向《む》きは右《みぎ》でも左《ひだり》でも、あなたのやりやすいほうで、かまいません。

二つ目《め》は、息《いき》つぎのタイミングですが、これは、うでの動《うご》きと関係《かんけい》します。水《みず》をかいたうでは、次《つぎ》またかくために、ひじから水面《すいめん》の上《うえ》に出《で》ます。それと同時《どうじ》に、出《だ》したうでと同《おな》じがわに顔《かお》を横《よこ》に向《む》けて、息《いき》つぎをするのです。そして、指先《ゆびさき》から、うでがまた水《みず》に入《はい》るときに、顔《かお》も水中《すいちゅう》にもどします。

三つ目《め》に、息《いき》のはき方《かた》と、すい方《かた》です。息《いき》は、顔《かお》が水中《すいちゅう》にある間《あいだ》に、少《すこ》しずつ鼻《はな》と口《くち》からはきだしていきます。そして、苦《くる》しくなる少《すこ》し前《まえ》に、水面《すいめん》から顔《かお》を出《だ》します。

そのときに、のこっていた息《いき》を一気《いっき》に、はきだして、すばやく息《いき》をすいこみます。文《ぶん》で読《よ》むとむずかしそうに思《おも》えますが、人間《にんげん》のからだは、息《いき》をはけば、すうようにできているので、だいじょうぶ。息《いき》をはくときは、息《いき》をすいこむいきおいをつけるために、口《くち》のまわりの水《みず》をふきとばすぐらいのいきおいで、はきましょう。

泳《およ》ぎながら練習《れんしゅう》するのがむずかしければ、はじめは、プールの中《なか》で、足《あし》をついたまま練習《れんしゅう》するといいですよ。そのときに、自分《じぶん》は左《さ》右《ゆう》どちらで息《いき》つぎをしやすいか、見《み》つけましょう。

野球《やきゅう》の金属《きんぞく》バットの中《なか》は、どうなっているの？

金属《きんぞく》バットが開発《かいはつ》されたのは、今《いま》から六十年《ねん》ほど前《まえ》の一九六〇年《ねん》代《だい》のことです。金属《きんぞく》バットは、木《き》にくらべておれにくく、長持《ながも》ちするので、学校《がっこう》の野球部《やきゅうぶ》など、アマチュア野球《やきゅう》ですぐに広《ひろ》まりました。高校野球《こうこうやきゅう》では、一九七四年《ねん》から使用《しよう》がみとめられています。

はじめのころ、金属《きんぞく》バットの中《なか》は、空《くう》どうでした。

金属《きんぞく》バットは、アルミニウムやアルミニウム合金《ごうきん》、チタン合金《ごうきん》などで作《つく》られます。どれも、木《き》にくらべてずっと重《おも》いので、すべて金《きん》属《ぞく》で作《つく》ったら、重《おも》すぎて打者《だしゃ》はふれません。

それで、中《なか》を空《くう》どうにしたのですが、かたい硬式《こうしき》のボールを打《う》ったときに、音《おと》がよくひびきました。カキーン！　というかん高《だか》い金《きん》属音《ぞくおん》がしたのです。

ところが、あるとき、この金属音《きんぞくおん》が、耳《みみ》によくないことがわかりました。この音《おと》を近《ちか》くで聞《き》くことの多《おお》い審判《しんぱん》や捕手《ほしゅ》の中《なか》に、耳《みみ》が聞《き》こえにくくなる人《ひと》が、たくさん出《で》てしまったのです。

また、金属《きんぞく》バットを使《つか》う打者《だしゃ》にとっても、こまったことがありました。ボールを打《う》ったときに金属《きんぞく》バットは強《つよ》くしんどう動《どう》するので、そのしん動《どう》が手《て》につたわって、しびれることがあったのです。

そこで、音《おと》と、しん動《どう》をおさえる新《あたら》しい金属《きんぞく》バットが開発《かいはつ》されることになりました。

このバットは、かん高《だか》い音《おと》がしないので、「消音《しょうおん》バット」とよばれ、高校野球《こうこうやきゅう》では、一九九一年《ねん》から使《つか》われています。

消音《しょうおん》バットの中《なか》は、空《くう》どうではありません。音《おと》と、しん動《どう》をおさえるスポンジをつめたり、バットの内側《うちがわ》にはりつけたりしています。

こうして、金属《きんぞく》バットの打球音《だきゅうおん》は、木《き》の

バットの打球音《だきゅうおん》に近《ちか》づくことになりましたが、バットの持《も》つせいしつは、ずいぶんちがいます。

金属《きんぞく》バットはボールを打《う》ったしゅん間《かん》、少《すこ》しへこんでもとにもどります。その、もとの形《かたち》にもどろうとする力《ちから》がボールにつたわって、木《き》のバットよりボールがよくとぶのです。

また、木《き》のバットでしんをはずして打《う》つと、ボールはあまりとびませんが、金属《きんぞく》バットでは、少《すこ》ししんをはずしても、強《つよ》い打球《だきゅう》を打《う》つことができます。

そのため、高校野球《こうこうやきゅう》では、金属《きんぞく》バットができてからホームランの数《かず》がふえ、投手戦《とうしゅせん》より打《だ》げき戦《せん》が多《おお》くなっています。

フィギュアスケートのいしょうには、きびしいルールがあるの？

目《め》にもとまらぬ速《はや》さでとぶ四回転《かいてん》ジャンプ、そして、氷《こおり》の上《うえ》のかれいなステップ……。フィギュアスケートの大会《たいかい》は、時間《じかん》をわすれて思《おも》わず見入《みい》ってしまいますね。

選手《せんしゅ》が着《き》る美《うつく》しいいしょうも楽《たの》しみの一つです。

実《じつ》は、このフィギュアスケートのいしょうには、とてもきびしいルールがあります。

たとえば、女《じょ》せいの選手《せんしゅ》は、はだを多《おお》く見《み》せることがきんしされています。かならずタイツを着用することが決められていて、両《りょう》あしのはだを見《み》せることは、ルールいはんです。

ペアですべるアイスダンスでは、女《じょ》せいはかならず上半身《じょうはんしん》を半分《はんぶん》以上《いじょう》おおい、スカートを着用《ちゃくよう》しなければなりません。そしてスカートのスリット（切《き》れこみ）は三か所《しょ》以上《いじょう》になってはいけないという、細《こま》かいルールがあります。

また、男《だん》せいは、ぎゃくにタイツを着用《ちゃくよう》することはきんしされていて、わきの毛《け》をかくさなくてはなりません。

そして、なかでももっともきびしいと思《おも》われるのが、いしょうの一部《いちぶ》が氷《こおり》の上《うえ》に落《お》ちてはならないというルールです。

二〇一〇年《ねん》のオリンピック・バンクーバー大会《たいかい》で銅《どう》メダルにかがやいた髙橋大輔選手《たかはしだいすけせんしゅ》は、二〇一二年《ねん》にいしょうの一部《いちぶ》が落《お》ちて減点《げんてん》になってしまったことがあります。それまでむずかしいジャンプを次《つぎ》つぎと決《き》めていて、最後《さいご》の最後《さいご》にいしょうについていた羽根《はね》が落《お》ち、マイナス一点《てん》となってしまったのです。

サッカーで、一試合《しあい》に一人《ひとり》が三点《てん》取《と》ると、どうして「ハットトリック」というの？

「ハットトリック」は、「ハット」と「トリック」という、二つの言葉《ことば》が合《あ》わさった英語《えいご》です。ハットは、ふちのあるぼうしのことです。トリックには、たくらみ、手品《てじな》などの意味《いみ》があります。高度《こうど》なわざにも使《つか》う言葉《ことば》ですね。

さて、ハットトリックは、もともと、クリケットというスポーツで生《う》まれた言葉《ことば》です。

クリケットは、野球《やきゅう》の起《き》げんともいわれているスポーツで、ルールが野球《やきゅう》ににています。投手《とうしゅ》は、ボールを投《な》げて二十メートルほどはなれたところにある、三本《ぼん》の柱《はしら》の上《うえ》に横木《よこぎ》をおいたものをたおせば、打者《だしゃ》をアウトにできます。

しかし、打者《だしゃ》は、そうはさせるかと、三本《ぼん》の柱《はしら》の前《まえ》に立《た》ちはだかって、バットでボールを打《う》ちます。ですから、クリケットでアウトを一つ取《と》るのは、かなりたいへんなことなのです。

ところが、昔《むかし》、あるクリケット大会《たいかい》で、一人《ひとり》の投手《とうしゅ》が、たったの三球《きゅう》で三人《にん》の打者《だしゃ》をアウトにしてしまいました。つまり、三人《にん》つづけて一球《きゅう》で打《う》ちとったわけです。

そのとき観客《かんきゃく》は「しんじられない！　手品《てじな》を見《み》たようだ！」と、ぼうしをぬいで投手《とうしゅ》をほめたたえたといいます。

それから、クリケットの試合《しあい》で、三球《きゅう》でアウトを三つ取《と》ることを「ハットトリック」というようになったのです。

それがいつしか、サッカーでも使《つか》われるようになりました。一試合《しあい》に一人《ひとり》で三点《てん》以上《いじょう》取《と》る

ことは、クリケットのハットトリックと同《おな》じようにむずかしいので、ハットトリックとよぶようになったのです。三点《てん》という数《かず》は、クリケットの「三球《きゅう》で三《スリー》アウト」に合《あ》わせています。たしかにサッカーのハットトリックも、めったに見《み》られるものではありません。

ところが、そんなむずかしいハットトリックを、何試合《なんしあい》もれんぞくで記録《きろく》した、すごい選手《せんしゅ》がいます。

J《ジェイ》リーグの中山雅史選手《なかやままさしせんしゅ》（当時《とうじ》ジュビロ磐田《いわた》）は、一九九八年《ねん》のシーズン中《ちゅう》、四試合《しあい》つづけてハットトリックを記録《きろく》しました。これは当時《とうじ》の世界記録《せかいきろく》として、ギネスブックにのりました。

しかし、上《うえ》には上《うえ》がいるもので、二〇一六年《ねん》、クロアチアのルチヤニッチ選手《せんしゅ》が五試合《しあい》れんぞくハットトリックを決《き》めました。

※記録《きろく》は、2019年《ねん》10月１日現在《がつついたちげんざい》のもの。

スポーツ選手《せんしゅ》は、歯《は》を大事《だいじ》にしているって、ほんとう？

これはほんとうです。もちろん、ふつうの人《ひと》でも、歯《は》は大切《たいせつ》なものですが、スポーツ選手《せんしゅ》は、とくに歯《は》を大事《だいじ》にしています。歯《は》がいたんだら、どんなスポーツをするにしても、自分《じぶん》の持《も》っている力《ちから》を、じゅうぶんに出《だ》すことはできません。また、食事《しょくじ》のときも、いたい歯《は》をかばって、よくかまずに食《た》べると、しっかりえいよ

うをとることができません。なので、スポーツ選手《せんしゅ》は、虫歯《むしば》にならないように、しっかり歯《は》をみがきます。

もう一つ、スポーツ選手《せんしゅ》が歯《は》で大事《だいじ》に考《かんが》えているのが、「かみあわせ」です。

口《くち》をとじると、上《うえ》の歯《は》と下《した》の歯《は》が当《あ》たりますね。このとき、上下《じょうげ》の歯《は》がぴったり合《あ》えば「かみあわせがよい」といいます。反対《はんたい》に、すき間《ま》が空《あ》いたり、ずれたりすると「かみあわせが悪《わる》い」といいます。かみあわせが悪《わる》いと、からだのバランスがゆがんで、運動《うんどう》をするときのフォームが悪《わる》くなるのです。

また、人《ひと》は力《ちから》を入《い》れるしゅん間《かん》に歯《は》をくいしばりますが、かみあわせが悪《わる》いと、じゅうぶんに力《ちから》を出《だ》すことができません。たとえば、野球《やきゅう》やゴルフでボールを打《う》つとき、すもうで相手《あいて》を投《な》げるとき、重《じゅう》量《りょう》あげでバーベルをあげるとき、かみあわせはとても大事《だいじ》なのです。

では、スポーツ選手《せんしゅ》は、どうやってかみあわせをよくしているのでしょうか。すぐにまねできることを三つあげましょう。

一、ものを食《た》べるときは、ゆっくりよくかんで、左右両方《さゆうりょうほう》のおく歯《ば》を使《つか》って食《た》べる。

二、せすじをのばし、しせいをよくする。

三、足《あし》に合《あ》った、くつをはく。

二と三は、歯《は》に関係《かんけい》がないように思《おも》うかもしれません。しかし、からだがゆがんでいると、かみあわせも悪《わる》くなってしまうのです。生《う》まれつき、歯《は》ならびが悪《わる》いためにかみあわせがよくない場合《ばあい》は、多《おお》くのスポーツ選手《せんしゅ》が歯医者《はいしゃ》でちりょうしてなおします。

また、スポーツ選手《せんしゅ》の大事《だいじ》な歯《は》を守《まも》るために、「マウスガード」という器具《きぐ》もあります。「マウスピース」ともいい、口《くち》の中《なか》に入《い》れて、外《そと》からのしょうげきをやわらげます。

ボクシングの試合《しあい》では、かならず、つけなければならない器具《きぐ》ですが、アメリカンフットボールなど、からだがぶつかることの多《おお》いきょうぎのほか、野球《やきゅう》でも使《つか》っている選手《せんしゅ》がいます。

知《し》ってびっくり!!

いろいろなスポーツ選手《せんしゅ》のからだのひみつ、大公開《だいこうかい》！

スポーツ選手《せんしゅ》のからだには、きょうぎによって、いろいろなとくちょうがあります。

そのとくちょうは、そのスポーツをきわめたから、あらわれるのでしょうか。それとも、そのスポーツをする人《ひと》が、持《も》って生《う》まれたものなのでしょうか。

動《うご》く物《もの》を見《み》きわめる「動体視力《どうたいしりょく》」

速《はや》く動《うご》く物《もの》を見《み》きわめる能力《のうりょく》を、動体視《どうたいし》力《りょく》といいます。野球《やきゅう》で投手《とうしゅ》のボールを見《み》る打者《だしゃ》や、ボクシングで相手《あいて》のパンチを見《み》るボクサーは、とくに動体視《どうたいし》力《りょく》がすぐれています。動体《どうたい》視力《しりょく》は、走《はし》る電車《でんしゃ》からホームの駅名《えきめい》を読《よ》むなどして、きたえることができます。

野球《やきゅう》の投手《とうしゅ》には「なで肩《がた》」が多《おお》い

からだの正面《しょうめん》から見《み》て、首《くび》からなだらかに下《さ》がっている肩《かた》を、なで肩《がた》といいます。野球《やきゅう》の投手《とうしゅ》は、なで肩《がた》の人《ひと》が向《む》いているといいます。肩《かた》が回《まわ》るはんいが広《ひろ》く、ボールをスムーズに投《な》げることができるからです。

一流《いちりゅう》の投手《とうしゅ》は、多《おお》くの場合《ばあい》、なで肩《がた》だけでなく、むねが前《まえ》に出《で》たはとむねで、おしりは後《うし》ろにつき出《で》た体型《たいけい》をしています。こういったからだが、速《はや》い球《たま》を生《う》むようです。

大事《だいじ》な「つめ」はマニキュアで守《まも》れ

つめにぬるマニキュアは、おもにおしゃれのために使《つか》うものです。しかし、野球《やきゅう》のおもに投手《とうしゅ》は、ちがう目的《もくてき》で使《つか》っている人《ひと》もいます。かたい野球《やきゅう》のボールを、力《ちから》をこめて投《な》げつづけると、つめがわれることがあります。そうなってしまうと、もうボールを思《おも》うように投《な》げられません。

だから、つめがわれないように、スポーツ用《よう》のマニキュアをぬって、守《まも》っているのです。

水泳選手《すいえいせんしゅ》の指《ゆび》に「水《みず》かき」

「水《みず》かき」といえば、水鳥《みずどり》のあしやカエルの後《うし》ろあしの指《ゆび》の間《あいだ》に見《み》られる、まくのようなものです。それらは、水《みず》をかいて泳《およ》ぐために、発達《はったつ》したものです。

水泳選手《すいえいせんしゅ》の中《なか》にも、長年練習《ながねんれんしゅう》するうちに、手《て》の指《ゆび》に水《みず》かきのようなものができる人《ひと》がたくさんいます。一九八八年《ねん》のソウルオリンピックの百《ひゃく》メートル背泳《せおよ》ぎで、金《きん》メダルをとった鈴木大地選手《すずきだいちせんしゅ》の、りっぱな水《みず》かきが有名《ゆうめい》です。

ゆっくり脈打《みゃくう》つ「スポーツ心臓《しんぞう》」

心臓《しんぞう》がどっくどっくと動《うご》く回数《かいすう》は、ふつうの人《ひと》なら一分間《ぷんかん》に六十～百回《ひゃっかい》です。ところが、スポーツ選手《せんしゅ》の中《なか》には、四十回以下《かいいか》と、とても少《すく》ない人《ひと》がいます。はげしいトレーニングをつづけるうちに心臓《しんぞう》が大《おお》きくなったためで、「スポーツ心臓《しんぞう》」といわれています。

マラソン、自転車《じてんしゃ》のロードレース、クロスカントリースキーなど、長時間《ちょうじかん》のきょうぎの選《せん》手《しゅ》に多《おお》く見《み》られます。

ボクサーの「足《あし》」は、なぜ細《ほそ》い？

ボクシングの選手《せんしゅ》は、足《あし》の細《ほそ》い人《ひと》がほとんどです。ボクシングには体重《たいじゅう》せいげんがあるので、足《あし》にきん肉《にく》をつけて体重《たいじゅう》をふやしたくないからです。

体重《たいじゅう》のふえるきん肉《にく》は、なるべくうでやむねなど上半身《じょうはんしん》につけて、強《つよ》いパンチが打《う》てるようにしているのです。

また、足《あし》が細《ほそ》いと速《はや》く動《うご》けるので、せめるにしても、守《まも》るにしても、都《つ》合《ごう》がよいのです。

けがをふせぐ「からだのやわらかさ」

スポーツをするうえで、からだがやわらかいのは、よいことです。とくに、格闘技《かくとうぎ》では、たおれたときにけがをしないように、からだのやわらかさが大《たい》切《せつ》です。

大《おお》ずもうでは、入門《にゅうもん》した新弟子《しんでし》たちに、「股割《またわ》り」というストレッチ運《うん》動《どう》をさせています。股割《またわ》りがしっかりできるようになると、真横《まよこ》に両足《りょうあし》を開《ひら》いて、さらに顔《かお》がゆかにつくほど、からだがやわらかくなります。

柔道選手《じゅうどうせんしゅ》の器用《きよう》な「足《あし》の指《ゆび》」

柔道《じゅうどう》や合気道《あいきどう》などの選手《せんしゅ》は、足《あし》の指《ゆび》が器用《きよう》に広《ひろ》がるようになります。

　柔道《じゅうどう》や合気道《あいきどう》ではふんばる場面《ばめん》が多《おお》いので、足《あし》の指《ゆび》を開《ひら》き、たたみやゆかを、しっかりつかもうとするからだと考《かんが》えられています。

　そのため、これらのきょうぎの選手《せんしゅ》には、足《あし》の指《ゆび》が器用《きよう》に動《うご》き、いろいろな物《もの》をつかめる人《ひと》が多《おお》くいます。

スポーツ選手《せんしゅ》の「体脂肪率《たいしぼうりつ》」は？

体重《たいじゅう》のうち、脂肪《しぼう》の重《おも》さがしめるわりあいを、体脂肪率《たいしぼうりつ》といいます。ほとんどのスポーツ選手《せんしゅ》は、脂肪《しぼう》より、からだを動《うご》かすきん肉《にく》を多《おお》くつけるため、体脂肪率《たいしぼうりつ》はかなりひくくなっています。一般的《いっぱんてき》な男《おとこ》の人《ひと》の体脂肪率《たいしぼうりつ》が約《やく》二十パーセントなのに対《たい》して、同《おな》じ身長《しんちょう》と体重《たいじゅう》のスポーツ選手《せんしゅ》は、十パーセントぐらいしかありません。

　しかし、アーティスティックスイミングの選手《せんしゅ》は、脂肪《しぼう》が少《すく》ないとからだが水《みず》にうかないので、食事《しょくじ》の工夫《くふう》で体脂肪率《たいしぼうりつ》を二十三パーセントほどに、たもっています。

文・鶴川たくじ　絵・丸岡テルジロ　知ってびっくり！マーク・森 佳世

生《い》き物《もの》の、なぜ？ どうして？

文・澤口たまみ

絵・なかさこかずひこ！

ラッコは、貝《かい》をどうやってわるの？

ラッコは、二本《ほん》の前《まえ》あしに貝《かい》をはさんで持《も》ち、おなかの上《うえ》においた石《いし》に、カチカチと打《う》ちつけてわります。貝《かい》が二つあるときは、一つをおなかの上《うえ》におき、もう一つを前《まえ》あしで持《も》って、貝《かい》どうしをぶつけてわります。水族館《すいぞくかん》や動物園《どうぶつえん》では、水《すい》そうのガラスやかべに、貝《かい》を打《う》ちつけてわることもあります。

貝《かい》をわるのに使《つか》う石《いし》は、そのたびに海《うみ》のそこから拾《ひろ》ってくるのではありません。ラッコのからだの皮《かわ》は、とてもたるみが多《おお》く、ラッコはそのたるみをうまく使《つか》って、わきの下《した》にポケットのようなくぼみを作《つく》り、そこに、お気《き》に入《い》りの石《いし》や、とれた貝《かい》をしまっています。

前《まえ》あしで道具《どうぐ》を使《つか》う動物《どうぶつ》は、サルのなかまのほかには、ほとんどいません。ラッコは、イタチのなかまなのに前《まえ》あしで道具《どうぐ》を使《つか》う、めずらしい動物《どうぶつ》です。

みなさんも知《し》っているように、ラッコはあおむけになって、海《うみ》にぷかぷかとういています。このかっこうだと、顔《かお》が水面《すいめん》から出《で》ているので、息《いき》をするのが楽《らく》ですね。なにより、前《まえ》あしが自由《じゆう》になります。おまけにおなかは、物《もの》をのせるのにちょうどよく、テーブルのように使《つか》えます。

このおなかを、お母《かあ》さんラッコは、ゆりかごとしても使《つか》います。赤《あか》ちゃんが自分《じぶん》で泳《およ》げるようになるまで、おなかの上《うえ》にのせて育《そだ》てるのです。

赤《あか》ちゃんラッコは、はじめはお母《かあ》さんのおっぱいを飲《の》んでいますが、生《う》まれてから半年《はんとし》ほどたつと、貝《かい》わりを練習《れんしゅう》しはじめます。

さいしょは、お母《かあ》さんをまねて、貝《かい》をおなかに打《う》ちつけるしぐさをします。その後《ご》、お母《かあ》さんがわった貝《かい》の中身《なかみ》をもらい、両方《りょうほう》の前《まえ》あしで、はさんで持《も》って食《た》べます。

石《いし》を使《つか》っての貝《かい》わりは、かんたんではなく、毎日練習《まいにちれんしゅう》のくりかえし。一年《ねん》以上《いじょう》たつと、ようやく自分《じぶん》だけで貝《かい》をわって食《た》べることができるようになります。

ラッコは、北《きた》のつめたい海《うみ》にすむ動物《どうぶつ》です。寒《さむ》さから身《み》を守《まも》るため、ラッコのからだには、なんと八億本《おくほん》もの毛《け》が生《は》えています。さらに、えいようのある物《もの》をたっぷりと食《た》べることが大《たい》切《せつ》で、ラッコは貝《かい》のほかに、イカやタコ、カニやエビ、ウニなど、海《うみ》にすむいろいろな生《い》き物《もの》を食《た》べます。

ナマズが地震《じしん》を予知《よち》するって、ほんとう？

大《おお》きな地震《じしん》が起《お》こる前《まえ》に、それがわかって、あらかじめ津波《つなみ》などにそなえることができたら、どんなにか、いいでしょう。そのために、たくさんの研究者《けんきゅうしゃ》が、わたしたちのくらす地面《じめん》の下《した》の様子《ようす》や、地震《じしん》が起《お》こるしくみについて、けん命《めい》に調《しら》べています。

地震《じしん》は、地下深《ちかふか》くにある「プレート」とよばれる大《おお》きな板状《いたじょう》の岩《いわ》が、急《きゅう》げきにずれることで起《お》こります。けれども、地震《じしん》のしくみがよくわかっていなかった昔《むかし》は、地面《じめん》の下《した》には「大《おお》ナマズ」がいて、それがあばれるために地震《じしん》が起《お》こると、しんじられていました。

さらに、今《いま》から百《ひゃく》六十年《ねん》以上前《いじょうまえ》の江戸時代《えどじだい》に、当時《とうじ》の江戸《えど》（今《いま》の東京《とうきょう》）で起《お》こった大地震《おおじしん》のとき、地震《じしん》の起《お》こる三、四時間前《じかんまえ》に、川《かわ》でナマズやウナギがあばれたのを見《み》た人《ひと》がいたそうです。それで、「ナマズがあばれると地震《じしん》が起《お》こる」という話《はなし》が広《ひろ》まりました。

研究者《けんきゅうしゃ》の中《なか》には、このいいつたえが、ほんとうなのではないかと考《かんが》え、ナマズと地震《じしん》の関係《かんけい》について、きちんと調《しら》べようとする人《ひと》も出《で》てきたのです。

東京都水産試験場《とうきょうとすいさんしけんじょう》（今《いま》の東京都島《とうきょうととう》しょ農林水産総合《のうりんすいさんそうごう》センター）で

は、震度《しんど》三よりも大《おお》きい地震《じしん》が起《お》こる前《まえ》に、かっているナマズの様《よう》子《す》を、一九七六年《ねん》から十六年間《ねんかん》にわたって調《しら》べました。そのけっか、だいたい三回《かい》に一度《ど》、ナマズがあばれることが、わかりました。三回《かい》に一度《ど》では、ナマズがかんぺきに地震《じしん》を予知《よち》しているとは、いいきれませんね。でも、何《なに》も感《かん》じていないわけでもなさそうです。はっきりとした答《こた》えになっていませんが、これ以上《いじょう》のことはまだわかっておらず、今《いま》も研究《けんきゅう》がつづいています。

また、江戸《えど》時代《じだい》の大地震《おおじしん》のときに、ウナギもさわいだことから、ウナギが地震《じしん》を予知《よち》しているのでは、という考《かんが》えもあります。約百《やくひゃく》二十年前《ねんまえ》に岩手県《いわてけん》で地震《じしん》が起《お》き、津波《つなみ》でたいへんなひがいが出《で》たときには、地震《じしん》の起《お》こる三か月《げつ》ぐらい前《まえ》から、たくさんのウナギが海《かい》岸《がん》におしよせたといわれています。

　ナマズやウナギのほかにも、イヌやネコ、小鳥《ことり》や虫《むし》など、さまざまな動物《どうぶつ》が、地震《じしん》の前《まえ》にさわいだり、いつもとはちがう行動《こうどう》をとったりすることが知《し》られています。

　動物《どうぶつ》たちが地震《じしん》を予知《よち》できるとはいいきれませんが、人間《にんげん》には感《かん》じられないほどのかすかな音《おと》などを、するどく感《かん》じとっていることは、たしかでしょう。

どくヘビは、自分《じぶん》をかんだら死《し》ぬの？

世界《せかい》には、およそ三千《ぜん》しゅるいのヘビがいますが、そのうち、四分《ぶん》の一ほどが、どくを持《も》っています。ヘビのどくは、もともとは「つば」だったものです。どくヘビは、かみついたえものを早《はや》く弱《よわ》らせ、早《はや》く消化《しょうか》できるよう進化《しんか》してきたのです。

このどくは、ヘビがえものをかむと、きばを通《とお》って、えもののからだの中《なか》に入《はい》ります。きばは、ちょうど注《ちゅう》しゃ器《き》のはりのように真《ま》ん中《なか》が空《くう》どうになっていたり、みぞが入《はい》っていたりして、どくが、えもののからだの中《なか》に入《はい》りやすいようにできています。

ヘビのどくは、そうして動物《どうぶつ》の血管《けっかん》の中《なか》に入《はい》ったときに、はじめて「どく」としてのきき目《め》を表《あらわ》します。たとえば、人《ひと》がヘビのどくを飲《の》みこんだり、ヘビにどくをはきかけられて皮《ひ》ふについたりしても、そこにきずがなければ、だいじょうぶです。けれども、かまれて、どくが血管《けっかん》の中《なか》に入《はい》ったときは、きけんです。

ところが、どくヘビ自身《じしん》のからだには、どくは、どくとして、はたらきません。まちがって自分《じぶん》をかむことは、ほとんどありませんが、もしも自分《じぶん》と同《おな》じしゅるいのヘビにかまれても、弱《よわ》ったりしていなければ、まず死《し》ぬことはありません。

また、どくのないヘビで、どくヘビを食《た》べるものもいます。そのようなヘビも、どくから身《み》を守《まも》る成分《せいぶん》を、血《ち》の中《なか》に持《も》っています。

日本にすむ、おもなどくヘビは、ハブとマムシ、それにヤマカガシの三しゅるいです。かまれると、血管《けっかん》がこわされて内出血《ないしゅっけつ》が起《お》こり、血《ち》が止《と》まらなくなります。脳《のう》などで出血《しゅっけつ》すると、命《いのち》にかかわります。かまれたときは、そのヘビのどくをもとにして作《つく》った、薬《くすり》を注《ちゅう》しゃして、なおします。

ハブとマムシの場合《ばあい》は、たいてい、かまれたところが、はれてひどくいたみますが、ヤマカガシの場合《ばあい》は、はれたりいたんだりしないため、手《て》おくれになりやすく、気《き》をつけなければなりません。

ハブやマムシは、長《なが》いきばが口《くち》の前《まえ》のほうにあります。口《くち》をとじていると、きばは後《うし》ろ向《む》きにたおれていますが、口《くち》を大《おお》きく開《あ》けると、まっすぐに立《た》つしくみになっています。

ヤマカガシは、短《みじか》いきばが口《くち》のおくのほうにあります。おとなしく、つかまえていじるなどしなければ、かむことはありません。

チョウやそのほかのこん虫《ちゅう》は、雨《あめ》の日《ひ》どこにいるの？

雨《あめ》の日《ひ》、チョウは葉《は》のかげのような、雨《あま》つぶの当《あ》たらないところで、じっとしています。ほかの虫《むし》たちも、同《おな》じです。雨宿《あまやど》りをしているのですね。だから雨《あめ》の日《ひ》には、虫《むし》のすがたを見《み》ることが、とても少《すく》ないのです。

しかも、虫《むし》のからだの皮《かわ》は、水《みず》を通《とお》さない「クチクラ」という、まくにおおわれているので、少《すこ》しぐらいならぬれてもだいじょうぶ。チョウも、にわか雨《あめ》に当《あ》たり、からだがぬれてしまったとしても、雨《あめ》が上《あ》がれば、前《まえ》と同《おな》じようにとぶことができます。からだはクチクラにおおわれていますし、羽《はね》には、水《みず》をはじくつくりになった「りんぷん」というこなが、びっしりとならんでいます。

りんぷんは、その一つひとつが花《はな》びらのような形《かたち》をしていて、色《いろ》がついています。チョウの羽《はね》に、きれいなもようがついているのは、このこながならんでいるからです。りんぷんが取《と》れてしまうと、チョウの羽《はね》はとう明《めい》になり、雨《あめ》にも少《すこ》し弱《よわ》くなってしまいます。

雨《あめ》が空《そら》からふってくるとき、雨《あま》つぶ自体《じたい》は、小《ち》さなものはボールのように丸《まる》い形《かたち》をしていますが、大《おお》きなものはおまんじゅうのような形《かたち》になり、その直径《ちょっけい》は、三ミリメートルほどになります。人間《にんげん》には、ごく小《ちい》さく感《かん》じられる雨《あま》つぶですが、からだの小《ちい》さなチョウなどの虫《むし》たちには、どれほど大《おお》きなものに感《かん》じられることでしょうか。

たとえば、テントウムシのからだの大《おお》きさは、五〜八ミリメートル。テントウムシにとって三ミリメートルの雨《あま》つぶは、身長《しんちょう》の半分《はんぶん》ほどもある大《おお》きな水《みず》のかたまりが、

次《つぎ》から次《つぎ》へと落《お》ちてくるようなもの。やはり雨《あま》つぶには、なるべく当《あ》たらないようにしたほうがよさそうです。

また、虫《むし》は、皮《かわ》をぬぐ、つまり「脱皮《だっぴ》」をして大《おお》きくなったり、幼虫《ようちゅう》からさなぎ、成虫《せいちゅう》へとすがたをかえたりする生《い》き物《もの》ですが、脱《だっ》皮《ぴ》したての虫《むし》のからだは、クチクラがかたまっておらず、やわらかです。そんなときに雨《あめ》に当《あ》たったら、ひとたまりもありません。

さなぎからチョウが出《で》てくるときや、セミの幼虫《ようちゅう》が地面《じめん》から出《で》てきて成虫《せいちゅう》になるときの天気《てんき》を調《しら》べると、晴《は》れか、くもりの日《ひ》がほとんどです。どのようにして天気《てんき》を予想《よそう》しているのかはわかりませんが、虫《むし》たちはたしかに、雨《あめ》の日《ひ》をさけて皮《かわ》をぬぎ、成虫《せいちゅう》に変身《へんしん》しているのです。

泳《およ》ぎのとくいなネコは、いるの？

みなさんがかっているネコをイエネコといいますが、イエネコは、ほとんど泳《およ》ぎません。けれどもそれは、泳《およ》ぐひつようがないためで、ネコという動物《どうぶつ》が、まったく泳《およ》がないわけではありません。小《ちい》さなころから水《みず》になれているネコの中《なか》には、泳《およ》ぐようになるものもいます。ネコでも、泳《およ》ぎ方《かた》は「いぬかき」と同《おな》じです。

ネコには、イエネコのほかに、ヤマネコがいます。そもそもイエネコも、アフリカなどにすむリビアヤマネコが、大昔《おおむかし》にかいならされたものだと考《かんが》えられています。

世界《せかい》には、いろいろなヤマネコがいますが、今《いま》の日本にすんでいるのは、イリオモテヤマネコとツシマヤマネコの二しゅるいです。ツシマヤマネコは長崎県《ながさきけん》の対馬《つしま》に、イリオモテヤマネコは沖縄県《おきなわけん》の西表島《いりおもてじま》に、それぞれすんでいます。どちらも数《かず》が少《すく》なくなって、ぜつめつが心配《しんぱい》されています。

このニしゅるいのヤマネコは、いずれも森《もり》にすみ、田《た》んぼやしっ地《ち》などに出《で》てきて、かりをすることがあります。えものはおもに、鳥《とり》やネズミです。とくにイリオモテヤマネコは、水辺《みずべ》でかりをするすがたが多《おお》く見《み》られ、水《みず》にもぐって、水鳥《みずどり》などのえものに、こっそりと近《ちか》づく様子《ようす》も、かんさつされています。

ネコの場合《ばあい》、とても速《はや》く泳《およ》いだり、長《なが》い時間《じかん》をかけて遠《とお》くまで泳《およ》いだりすることはありません。イリオモテヤマネコのように、水辺《みずべ》にすむえものをかるときに水《みず》に入《はい》り、泳《およ》いだり、ときにはもぐったりするものは、ネコの中《なか》では泳《およ》ぎがとくいなほうに入《はい》ります。

インドネシアなどの東南《とうなん》アジアにす

むスナドリネコというヤマネコの一種《いっしゅ》は、沼《ぬま》や川《かわ》、マングローブのおいしげる、しっ地《ち》などの水辺《みずべ》にすんで、カエルや魚《さかな》、貝《かい》などをつかまえて食《た》べています。魚《さかな》や貝《かい》をとるためには、もちろん水《みず》に入《はい》りますし、泳《およ》ぐのもとくいです。

「スナドリ」とは、漢字《かんじ》で書《か》くと「漁《すなど》り」で、「スナドリネコ」とはそのものずばり、「漁《りょう》をするネコ」という意味《いみ》です。これは、もともと英語《えいご》で「フィッシングキャット」とよばれていたのを、そのまま日本語《ご》にした名前《なまえ》です。

また、トラもネコのなかまですが、やはりしっ地《ち》でかりをすることがあり、泳《およ》いでえものを追《お》いかけたり、水《みず》にもぐったりします。

ハリセンボンのはりは、ほんとうに千本《せんぼん》あるの？

ハリセンボンは、フグのなかまの魚《さかな》です。からだ中《じゅう》に生《は》えたはりのようなとげは、うろこが変化《へんか》したもので、子《こ》どものうちでも、ちゃんと生《は》えています。

このとげは、ふだんはおびれのほうにたおしていますが、てきに出合《であ》ったりおどろいたりすると、たくさんの水《みず》を飲《の》みこんでからだをふくらませ、それによって、はりがまっすぐに立《た》つしくみになっています。そのすがたに、てきはびっくりして、にげていくのです。

ハリセンボンの名前《なまえ》の「千《せん》」は、「とてもたくさん」という意味《いみ》で、じっさいに、はりが千本《せんぼん》あるわけではありません。数《かぞ》えてみた人《ひと》によると、三百《びゃく》五十から四百本《ひゃっぽん》ぐらいだったそうです。ハリセンボンは食《た》べられる魚《さかな》ですが、はりが手《て》にささるので、料理《りょうり》をするのはなかなかたいへんです。

はりのようなとげで、てきから身《み》を守《まも》っている生《い》き物《もの》は、ほかにもいろいろいます。植物《しょくぶつ》ではクリのいがや、サボテンのとげがそう

ですね。動物《どうぶつ》ではウニがいます。ムラサキウニのとげを数《かぞ》えてみた人《ひと》によると、なんと二千八百五十本《せんびゃくぽん》も生《は》えていました。

りくにすむ動物《どうぶつ》で、よくハリセンボンとくらべられるのは、ヤマアラシです。そのせなかには、毛《け》が変化《へんか》した、長《なが》くてするどい「はり毛《げ》」がたくさん生《は》えています。ふだんはそれをねかせていて、てきに出合《であ》ったり、おどろいたりすると立《た》てるところが、ハリセンボンとにています。ただし、ヤマアラシのはりが立《た》つのは、からだをふくらませるからではありません。

ヤマアラシは、てきに出合《であ》うと、後《うし》ろ向《む》きになっておをふり、後《うし》ろあしをふみならして、相手《あいて》をおどかします。それでも相手《あいて》が立《た》ち

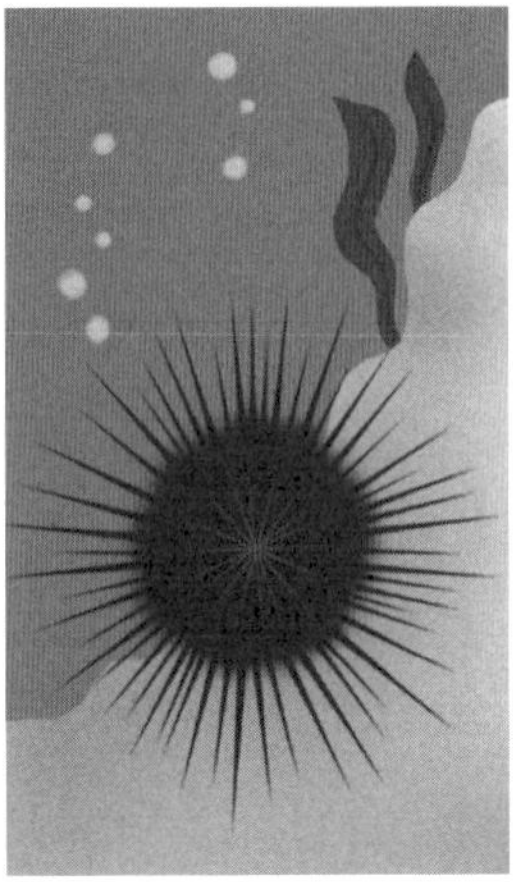

さらなければ、せなかのはり毛《げ》をさか立《だ》て、後《うし》ろ向《む》きのままとっ進《しん》します。このはり毛《げ》は強《つよ》く、アルミかんにあなを開《あ》けることもできます。おまけに、はり毛《げ》には、つりばりの先《さき》にあるような「返《かえ》し」がついているので、ささるとぬけにくく、ライオンのようなもうじゅうでも、ヤマアラシには、なかなか手出《てだ》しができません。

世界《せかい》にはいろいろなしゅるいのヤマアラシがいて、中《なか》には三万本《まんぼん》ものはり毛《げ》が生《は》えているものも、いるそうです。

世界《せかい》で一番《いちばん》小《ち》さな花《はな》は、何《なに》？

これまでに見《み》つかっている花《はな》の中《なか》で、一番小《いちばんちい》さいものは、ミジンコウキクサという、田《た》んぼやため池《いけ》などの水面《すいめん》にうかんで育《そだ》つ、少《すこ》しかわった草《くさ》の花《はな》です。この草《くさ》には根《ね》はなく、葉《は》とくきの区別《くべつ》もありません。肉眼《にくがん》では、形《かたち》まではわからない大《おお》きさですが、米《こめ》つぶのような形《かたち》をした緑色《みどりいろ》のものが、水《みず》にぷかぷかとういています。

この緑色《みどりいろ》のものは、葉《は》とくきが合体《がったい》したようなものです。大《おお》きさは、長《なが》いところで〇・三〜〇・八ミリメートル、短《みじか》いところで〇・二〜〇・五ミリメートルで、一ミリメートルもありません。その名前《なまえ》につけられている「ミジンコ」は、水《みず》の中《なか》でくらすとても小《ちい》さな生《い》き物《もの》ですが、それでも数《すう》ミリメートルになるものもいるので、ミジンコウキクサはミジンコよりも小《ちい》さいことになります。けんびきょうで見《み》ないと、わからないくらいですね。

緑色《みどりいろ》のものの真《ま》ん中《なか》には小《ちい》さなくぼみがあり、そこに、おしべだけの「お花《ばな》」と、

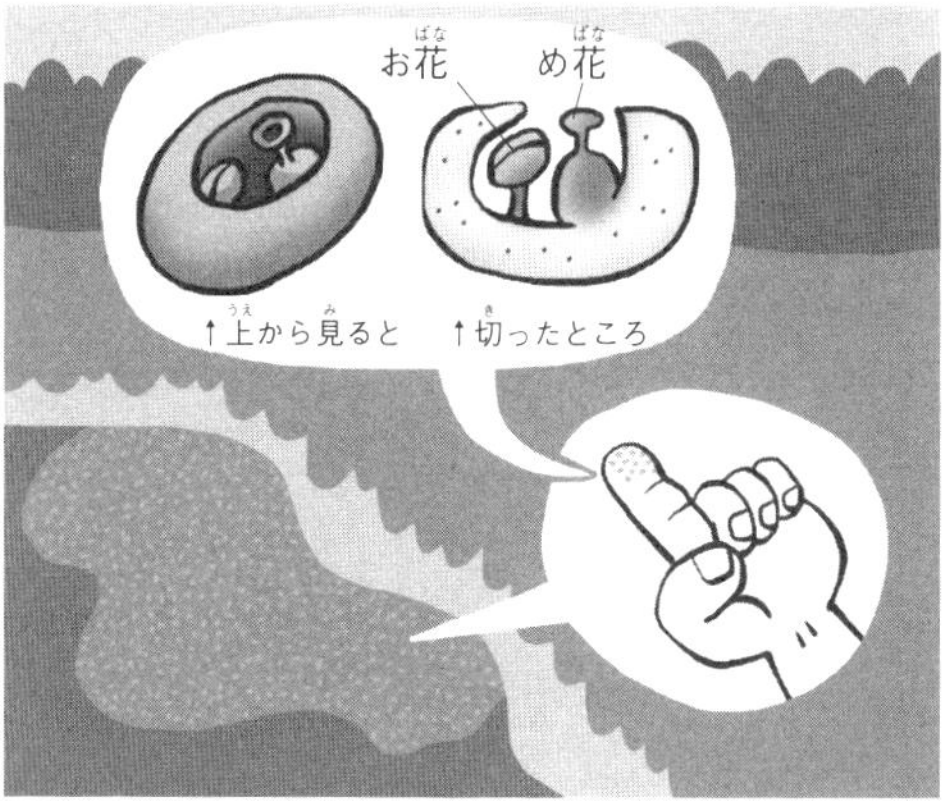

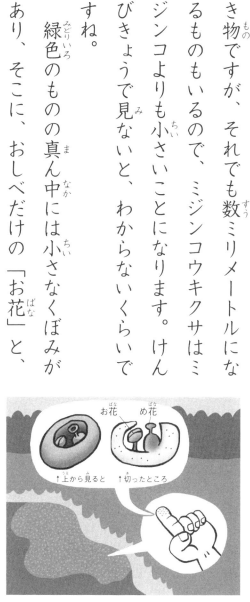

めしべだけの「め花《ばな》」とがならんでいます。

あまり花《はな》らしくないと思《おも》うかもしれません。でも、花《はな》とは、植物《しょくぶつ》が「たね」を作《つく》るためのしくみです。おしべで作《つく》られた「花粉《かふん》」が、めしべに運《はこ》ばれて、めしべのつけ根《ね》に、たねができます。きれいな花《はな》びらがなくても、たねを作《つく》るしくみがあれば、それは花《はな》といいます。花《はな》びらには、花粉《かふん》を運《はこ》んでもらうために虫《むし》をさそう役《やく》わりがありますが、花《はな》びらのない花《はな》の場合《ばあい》は、風《かぜ》や水《みず》で花粉《かふん》が運《はこ》ばれます。

ミジンコウキクサの花《はな》の大《おお》きさは、お花《ばな》、め花《ばな》、ともに〇・一〜〇・二ミリメートル。草《くさ》そのものは、関東《かんとう》より西《にし》の地方《ちほう》で見《み》られますが、花《はな》はめったにさきません。世界一小《せかいいちちい》さな花《はな》を見《み》るのは、どうやらとてもむずかしそうです。

もっと
知《し》りたいきみへ

「身近《みぢか》なぎもん」について、もっと知《し》りたくなった人《ひと》は、
おうちの方《かた》といっしょに以下《いか》のウェブサイトを見《み》てみましょう。
さらに新《あたら》しい発見《はっけん》があるかもしれません。

にちぎん☆キッズ
https://www.boj.or.jp/z/kids/index.html
日本銀行《ぎんこう》のウェブサイト。お金《かね》や銀行《ぎんこう》の役《やく》わりなど、ちょっとむずかしいお金《かね》のことが、わかりやすくしょうかいされています。

気象庁《きしょうちょう》きっずコーナー
https://www.jma.go.jp/jma/kishou/e-jma/
気象庁《きしょうちょう》の子《こ》ども向《む》けウェブサイトです。天気《てんき》のこと、気象庁《きしょうちょう》のことなどを楽《たの》しいイラストつきでわかりやすくかいせつしています。

日本チョコレート・ココア協会《きょうかい》
http://www.chocolate-cocoa.com
チョコレートやココアの歴史《れきし》や原材料《げんざいりょう》のことが、よくわかります。

こどもけいさつ図鑑《ずかん》 https://www.police.pref.hyogo.lg.jp/variety/kodomo/shigoto/index.htm
兵庫県警察《ひょうごけんけいさつ》の子《こ》ども向《む》けウェブサイト。みんなのまちの安全《あんぜん》を守《まも》る警《けい》察《さつ》の仕事《しごと》が、よくわかります。

学研《がっけん》キッズネット https://kids.gakken.co.jp
学研《がっけん》の子《こ》ども向《む》けウェブサイト。さまざまな調《しら》べ物《もの》などに役立《やくだ》ちます。
ぜひ、のぞいてみてくださいね。

※この情報《じょうほう》は、2019年《ねん》10月《がつ》1日《ついたち》現在《げんざい》のものです。

おうちの方へ

総合監修／西東京市立けやき小学校副校長　三田 大樹

○○○

「地域のすてき」を探しに、子どもたちと、まち探検に出かけたことがありました。

「もっとトンボが増えるには、どうしたらいいのかな」「さくがなければ、川に入って遊べるのに」「放置自転車があって、車いすの人が困っていたよ」

はじめは、地域の良いところを教えてくれた子どもたちが、たがいに疑問を出し合い、考えを交流し合うことで、日常の見慣れた風景とはどこか違う感覚で、まちの様子を切り取るようになりました。この学習の最後には、地域の人、二百人を前にして、未来のまちの理想像を提案することができました。誇らしげに発表する子どもたちの姿を、今も鮮明に覚えています。

学校生活に慣れ、親がかりだった低学年のときと違い、「手がかか

らなくなった」と感じられるようになる三年生。しかし、興味の範囲が広がり、知識欲がわきおこってくるこの時期こそ、子どもの素直な疑問に耳を傾けることが大切です。子どもは、自分の疑問や調べてわかったことを、身近な誰かに話したくてうずうずしています。「本当に不思議ね」「すごいことに気づいたね」と、心を寄せて話を聞ける大人が、子どものやる気を引き出し、子どもの知的好奇心を、いっそう育てることができるのだと思います。

本書は、「へえ、そうなんだ」と、思わず声に出して読んでしまう本です。そして、読むそばから、「このことを、教えたい」と、だれかと話したくなる本です。その相手こそ、お母さん、お父さんであったら、すてきだと思いませんか。また、大人にとっても、「なるほど、納得！」の宝庫です。「知らなかったこと」がわかったときの素直な気持ちを、お子さんと共有してください。お子さんも、おうちの方のそんな姿に安心して、新たな疑問の答え探しに、進んで出かけるはずです。本書が、お子さんの探究する心を引き出すきっかけとなることを願っています。

三田 大樹（みた　ひろき）

1971年生まれ。1995年より東京都杉並区、新宿区の小学校教員を勤める。2010年度、勤務する新宿区立大久保小学校において、地域社会に参画する態度を育てる教育指導により、東京新聞教育賞を受賞。小学校学習指導要領（平成29年告）解説「総合的な学習の時間編」専門的作業等協力者。R2評価規準・評価方法等の工夫改善等に関する調査研究協力者。「次世代の教育情報化推進事業（小学校プログラミング教育のため指導事例の創出等に関する調査研究）」協力者。日本生活科・総合的学習教育学会常任理事。

総合監修　西東京市立けやき小学校副校長　三田大樹

指導　医療法人社団たがみ小児科院長　田上尚道（からだ）　鹿児島大学准教授　齋藤美保子（食べ物）　立教大学名誉教授　沖森卓也（言葉）　動物科学研究所所長　今泉忠明（生き物）

表紙絵　スタジオポノック／百瀬義行　© STUDIO PONOC

装丁・デザイン　株式会社マーグラ（香山大　鈴木智捺）

協力　アンケートに答えてくださったみなさん / 日本銀行 / 大日本除虫菊株式会社 / 広島県警察本部交通部交通規制課 / 東武タワースカイツリー株式会社 / 明治神宮 / 大正大学 塩入法道教授 / 日本製紙連合会 / 風俗博物館

参考文献　『すぐに役立つ 366 日記念日事典』（創元社）/『基礎数学選書 18　数字と数学記号の歴史』（裳華房）/『図工の教科書　小学校低学年～高学年用』（山と溪谷社）/『しょうぼう車——町や人をまもるじどう車①』（ポプラ社）/『縞模様の歴史』（白水社）/『オリンピックの秘密』（彩図社）/『水泳』（新星出版社）/『水泳上達 BOOK』（成美堂出版）/『スポーツと歯の話』（大村書店）/『理解しやすい生物Ⅰ・Ⅱ』（文英堂）/『復元江戸生活図鑑』（柏書房）

＊疑問の内容によっては、諸説あるものがあります。この本では、そのうちお子さまに適切だと思われる説を採用、説明しております。また、本文中の挿絵などで、記録が正確に残っていないものに関しては、理解しやすいように、独自に描き起こしている部分があります。
＊本書は、『なぜ？ どうして？ 身近なぎもん　3 年生』（2011 年刊）を増補改訂したものです。

よみとく10分

なぜ？ どうして？ 身近なぎもん　3 年生

2011 年 9 月 7 日　第 1 刷発行
2019 年 12 月 17 日　増補改訂版第 1 刷発行

発行人　松村広行
編集人　小方桂子
企画編集　西田恭子　井上茜　矢部絵莉香
編集協力　勝家順子 / メルプランニング（星野和子　高橋由美　戸辺千裕　小川智子　前川祐美子）/ グループ・コロンブス
発行所　株式会社 学研プラス
〒 141-8415　東京都品川区西五反田 2-11-8
印刷所　大日本印刷株式会社

この本に関する各種お問い合わせ先
• 本の内容については　Tel 03-6431-1615（編集部直通）
• 在庫については　Tel 03-6431-1197（販売部直通）
• 不良品（落丁、乱丁）については　Tel 0570-000577（学研業務センター）
〒 354-0045 埼玉県入間郡三芳町上富 279-1
• 上記以外のお問い合わせは　Tel 03-6431-1002（学研お客様センター）

【お客さまの個人情報取り扱いについて】
アンケートハガキにご記入いただいてお預かりした個人情報に関するお問い合わせは、株式会社学研プラス 幼児・児童事業部（Tel.03-6431-1615）までお願いいたします。当社の個人情報保護については、当社ホームページ https://gakken-plus.co.jp/privacypolicy をご覧ください。

学研の書籍・雑誌についての新刊情報・詳細情報は、下記をご覧ください。
学研出版サイト　https://hon.gakken.jp/